나의 실패에
축배를 들어라

나의 실패에 축배를 들어라

발행일	2020년 6월 8일

지은이	김석욱		
펴낸이	손형국		
펴낸곳	(주)북랩		
편집인	선일영	편집	강대건, 최예은, 최승헌, 김경무, 이예지
디자인	이현수, 김민하, 한수희, 김윤주, 허지혜	제작	박기성, 황동현, 구성우, 장홍석
마케팅	김회란, 박진관, 장은별		
출판등록	2004. 12. 1(제2012-000051호)		
주소	서울특별시 금천구 가산디지털 1로 168, 우림라이온스밸리 B동 B113~114호, C동 B101호		
홈페이지	www.book.co.kr		
전화번호	(02)2026-5777	팩스	(02)2026-5747

ISBN	979-11-6539-257-4 03320 (종이책)	979-11-6539-258-1 05320 (전자책)

이 도서의 국립중앙도서관 출판예정도서목록(CIP)은 서지정보유통지원시스템 홈페이지(http://seoji.nl.go.kr)와
국가자료공동목록시스템(http://www.nl.go.kr/kolisnet)에서 이용하실 수 있습니다.
(CIP제어번호: CIP2020023034)

실패 예찬론자에게 배우는 60가지 성공의 법칙

나의 실패에
축배를 들어라

 일을 잘못하여 그르치는 것을 실패라고 부르지만
그것은 단지 성공으로 가기 위한 발판일 뿐이다.

도전하고, 실패하고, 다시 도전하기를 거듭한다면 성공은 반드시 찾아올 것이다!

김석욱
지 음

북랩 book Lab

머리말

> "세상의 어떤 것도 완전히 틀린 것은 아니며, 정지된 시계조차도 하루 두 번 옳다."
>
> - 파울로 코엘료

    제가 살아오면서 했던 일, 느꼈던 점, 생각하는 바에 대해 최대한 포장 없이 솔직하게 써 내려가려 합니다. 그에 앞서, 정지된 시계조차도 하루 두 번 옳다는 파울루 코엘류의 말을 빌리고 싶습니다. 실패로만 가득 차 있는 이야기이지만, 실패한 삶을 살아가고 있는 것은 아니라는 것을 말하고 싶었습니다.

    저는 제 기준에서 실패만 해왔습니다. 초등학생 시절, 힘들게 준비했던 태권도 시합에 나가 1 Round에 K.O. 패를 당했고, 중학생 시절, 한 번만이라도 성적으로 이겨보고 싶던 친구를 끝내 이기지 못했고, 원하는 고등학교에 진학하지 못했고, 가고 싶던 대학교에 진학 실패를 했고, 재수 후 또 실패를 했고, 첫 보디빌딩 시합에 나가 예선 탈락을 했습니다.

이런 저라도 완전히 틀린 것은 아닙니다. 저는 최소한 실패라도 했습니다. 도전을 해야 실패를 할 수 있습니다. 도전하지 않으면 실패조차 못 합니다. 저는 제가 해낸 실패가 자랑스럽습니다. 무언가를 하기로 마음먹었고, 그것을 위해 헌신했습니다. 원하는 만큼은 얻지 못했습니다. 그렇지만 무언가를 얻었습니다. 실패는 모든 것을 잃는 것이 아닙니다. 생각했던 것보다, 꿈꾸었던 것보다 조금 적게 얻은 것입니다. '가만히 있으면 반이라도 간다.' 아닙니다. 가만히 있으면 뒤처집니다. 도태됩니다. 모든 것은 앞으로 나아가고 있습니다. 넘어질지라도 앞으로 나아가던가, 넘어질까 두려워 가만히 있다 뒤처지던가.

이 책은 달리다가 넘어졌지만 뒤돌아보니 그전보다는 앞으로 와있었던 제 경험들에 대한 이야기입니다. 변화가 힘들어 정체되어 있는 분들, 나태해져 있는 모든 분들께 조금이나마 도움이 되었으면 하는 바람에서 시작합니다.

다소 표현이 과격할 수 있겠습니다. 스스로에게 기대하는 바가 많고, 현실은 이를 따라오지 못하니 자신에게만은 좀 과격해지는 편입니다. 그것이 반영되었다 생각해 주시고 너그러이 이해해 주시면 감사하겠습니다.

"우리가 이룬 것만큼, 이루지 못한 것도 자랑스럽습니다."

_ 스티브 잡스

"저는 제 인생에서 실패를 여러 번 거듭하였습니다. 그리고 또 실패하였습니다. 그리고 그게 제가 바로 성공을 한 이유입니다."

_ 마이클 조던

차 례

0장
나는 어떤 사람이 되고 싶은가

1장
내가 해낸 실패들

2장
실패를 위한 구체적인 방법

3장

당장 실천하기

4장

마무리하며

프롤로그

한 스님께서 이렇게 말씀하셨다고 합니다.

"자존감이 떨어지는 이유는, 나의 존재가 다른 사람보다 못해서가 아니라 환상 속의 자신을 너무 높이 평가해서 그래요. 내가 바라는 나는 아나운서만큼 말도 잘해야 하고 모델만큼 몸매도 좋아야 하는 거죠. 그러니 진짜 현실의 나를 보면 못마땅하고, 그게 더 심해지면 본인이 꼴 보기 싫어지면서 자신을 없애버리고 싶은 마음도 드는 거예요. 자존감을 회복하는 방법은 나의 능력을 키우는 게 아니라 환상의 나를 버리는 거예요."

저는 이 스님께 배운 점도 많고 존경합니다만, 위의 내용은 아무래도 받아들일 수 없습니다. 환상 속의 자신을 버리면, 내가 되고 싶어 하는 나의 모습을 포기하면, 나는 거기까지입니다.

자존감이 회복되는 것이 아니라 내가 나의 발전 동기를 스스로 포기해버리는 것입니다. 내 목표를 끌어내려서 현재 수준에 맞춰버리는 거죠. 그러면 앞으로 더 나아질 필요가 없죠. 발전할 수 있는 기회를 버리고 정체된 것을 당연하게 받아들이는 태도입니다. 고이면 썩습니다. 자존감을 높이는 방법은 내 목표를 버리는 것이 아닙니다. 내 목표를 치열하게 좇는 것입니다. 계속 움직이며 변화해야 합니다.

저는 왜 어째서, 삶의 이유를 마음의 평안에서 찾으려 하는지 도통 모르겠습니다. 자존감은 내 목표를 포기할 때 얻어지는 것이 아닙니다. 현재에 안주할 때 얻어지는 것이 아니란 말입니다.

그 반대로 스스로의 발전과 고양의 치열한 과정 속에서 얻어지는 것입니다. 목표를 향해 나아가면 물론 실패합니다. 그런데 실패는 잃는 것이 아니라, 내가 생각했던 것보다 조금 덜 얻는 것입니다. 원하는 만큼은 아니더라도 이렇게 조금씩 얻어 가야지만 스스로를 사랑하는 법을 배울 수 있습니다.

별로인 나를 있는 그대로 사랑하는 법을 배우려 하지 마시고, 별로지만 노력하고 변화하려는 나를 사랑하는 법을 배우셔야 합니다.

'노력하고 변화하려는 나는 실패합니다. 그 실패가 뿌듯하고,

기특할 때가 있습니다. 그 순간이 내 자존감이 높아지는 순간입니다.'

"실패에서부러 성공을 만들어 내라.
좌절과 실패는 성공으로 가는 가장 확실한 디딤돌이다."

_ 데일 카네기

"승리하면 조금 배울 수 있고
패배하면 모든 것을 배울 수 있다."

_ 크리스티 매튜슨

0장

나는
어떤 사람이
되고
싶은가

00.
나는 어떤 사람인가

나는 어떤 사람인가.

심리테스트라며 좋아하는 동물을 고르라고 한 뒤 곰을 고른 당신은 …한 사람입니다. 참 재밌습니다. 또 이런 글귀들을 자주 봅니다. '지금은 초라하고 볼품없고 해낸 것도 없지만 사실 넌 우주만큼 대단한 사람이야.' 정말 그럴까요.

착한 사람이라서 선행을 많이 베푼 게 아니라, 선행을 많이 베풀다 보면 착한 사람이 됩니다.
타고난 체력이 좋아서 운동을 많이 하는 것이 아니라 운동을 많이 하다 보니 체력이 좋아진 것입니다.
아는 게 많아서 공부를 많이 하는 것이 아니라 공부를 많이 해서 아는 것이 많은 것입니다.
훌륭한 사람이라서 좋은 일을 많이 한 게 아니라 좋은 일을 많이 했기 때문에 훌륭한 사람인 것입니다.

내가 게으르다 생각이 들면, '난 원래 태생이 게을러.'라는 말로 스스로를 포기하지 말아야 합니다. 내가 게으르면 새벽에 일어나서 운동을 나가면 됩니다.

'난 원래 멍청하다.' 그럼 공부를 하면 됩니다. 아무것도 하지 않고 '나는 훌륭하다. 아름다운 존재다.' 할 수 없습니다. 해서는 안 됩니다.

희망과 행복 둘 다 좋은 단어이지만, 아주 다릅니다. 저는 행복한 사람이기보다도 희망찬 사람이 되고 싶습니다. 희망은 고통과 인내 속에 피어납니다.

고3 열심히 공부하던 나는 행복하진 않았지만 희망에 차 있었습니다. 국가고시 준비하던 시절 저는 행복하진 않았지만 희망에 차 있었고, 보디빌딩 시합을 준비하던 나도 행복하진 않았지만, 희망에 차 있었습니다.

희망은 지금보다 나은 미래를 기대할 수 있는 현재에서 피어납니다. 노력이 있어야만 희망이 생깁니다. 언제나 노력하는 삶 속에서 더 나은 미래를 그릴 수 있는 사람이었으면 좋겠습니다.

행복도 좋습니다. 대학교에 붙었을 때, 국가고시 합격을 했을 때, 대회에서 입상을 했을 때, 그리던 그림이 완성되었을 때, 월급을 받았을 때입니다. 행복한 순간은 미래가 떠오르지 않죠. 그 순간에 취해버리기 때문입니다. 행복의 순간에는 치열한 노력이 없습니다. 노력이 없으면 미래는 점점 불투명해집니다. 행복한 순간에 오래 취해있으면 괜히 걱정이 스멀스멀 생겨나는 이유입니다.

저는 행복보다 희망을 더 좋아합니다. 누군가 당신은 무엇을 위해 살아가나요? 물었을 때, "희망을 위해 살아갑니다."라고 대답할 수도 있을 것 같습니다.

01.
삶의 궁극적인 목표는 무엇인가

삶의 궁극적인 목표가 무엇인가요? 딱히 새로운 대답을 하고 싶어도 행복밖에는 떠오르지 않습니다. 사회적 성공, 훌륭한 몸, 높은 성적, 최고의 배우자 물론 좋지만 궁극적 목표라고 하기는 모자라죠. 그래서 꺼내는 답이 행복입니다.

정말 내 삶의 궁극적 목표를 행복이라는 단어로밖에 표현하지 못할까 고민하다 내린 결론을 소개하고 싶습니다.

행복을 느끼기보다 살아있음을 느껴야 합니다. 살아있음을 느낀다는 것은 무엇일까요. 오직 살아있기 때문에 할 수 있는 일을 하면, 살아있음을 느낄 수 있습니다.

생명이 있다면, 외부 환경 변화, 자극에 대해 능동적으로 반응할 수 있어야 합니다. 예를 들어, 날씨가 추워지고 바람이 많이 부는 계절이 오면, 사람은 바들바들 떱니다. 나무는 잎을 떨어뜨리고요. 그러면 돌멩이는 어떤가요?

날씨가 더워지고 비가 많이 내리는 계절이 오면, 사람은 땀을
흘립니다. 나무는 잎이 자라나게 하고 풍성해집니다. 그러면 돌멩
이는 어떤가요?

물론 찬바람에 차가워지고 햇살에 뜨거워지고 그러기는 하겠
죠. 그렇지만 그것이 돌멩이가 능동적으로 차가워지고 뜨거워진
것이 아니라는 거죠.

일차원적인 능동적 반응이긴 하지만 살아있기 때문에 할 수 있
는 능동적 반응은 다릅니다. 이런 겁니다.

'나는 살아 있다. 생명체다. 그렇다면 변화에 대해 능동적으로
반응하고 대처한다. 어찌 됐든 환경에 대응하여 스스로 내가 변
화한다.'

사는 게 사는 것 같지 않을 때가 있습니다. 외부에서 오는 변화
가 없고, 그에 따라 능동적으로 새롭게 반응할 것도 없는 시기의
지속일 때입니다. 패턴이 되어 버린 것이죠. 패턴, 루틴은 삶에 있
어 굉장히 유용한 도구이지만, 그것이 살아있음을 느끼게 해주진
않습니다. 효율적이게 해줄 뿐입니다. 습관과 패턴은 내가 능동
적으로 애써서 무언가를 하지 않아도 되게 해줍니다. 기계의 특
징입니다. 매일매일 패턴, 루틴이 된 행동의 반복은 생명이 없는
기계도 할 수 있는 일입니다.

기계처럼 사니까 사는 게 사는 것 같지 않다고 느끼는 것입니다. 기계는 살아있지 않으니까. 그렇게 느끼는 것이 당연합니다.

이때는 내가 살아있기 때문에 할 수 있는 것을 해야만 합니다. 능동적인 변화를 일으켜야 합니다. 능동성을 인지하며 행동해야 합니다. 변하지 않으면 변화는 일어나지 않습니다.

핵심은 외부의 변화, 자극에 따른 나의 변화가 아니라, 내가 하는, 능동적으로 하는 반응 변화 대처 실천입니다.

기계처럼 살아가지 말고, 내 안에 능동성을 쥐고 행동해야 합니다. 그렇게 되면 모든 일이 살아있기 때문에 하는 일로 느껴질 것입니다.

1장

내가 해낸
실패들

00.
실패를 대하는 태도

삶에 있어 고통은 항상 있습니다. 고통이 있을 때의 자세는 보통 두 가지입니다. 하나는 고통이 없어지기를 바라던가, 다른 하나는 고통에서 초연해지던가. 둘 다 정답은 아니죠. 고통은 없어지지 않으며, 초연해지려는 노력은 그 자체로 또 다른 고통이니까요.

정답은 고통을 적극적으로, 반갑게 맞이하는 것입니다. 고통이 찾아오면 축배를 들 수 있게 말이에요. 그렇게 되어야만 비로소 삶에서 고통이 사라집니다. 고통을 사랑해야 고통이 사라지는 것이지요.

논어 옹야편을 보면 이런 구절이 있습니다. '아는 자는 좋아하는 자만 못하고, 좋아하는 자는 즐기는 자만 못하다(知之者不如好之者, 好之者不如樂之者).' 여기에 하나 더 있습니다. 즐기는 자는 미친 자만 못합니다. 여기서 미친 자라 하면, 고통을 사랑하는 자라고 보시면 좋겠습니다. 좋아하는 자는 싫어지면 하지 않습니다. 즐기는 자는 즐기지 못하면 하지 않습니다. 미친 자는 어찌됐든 합니다.

저는 힐링이 대세인 현시점에서 실패를 찬양하고 싶습니다.

'나의 실패에 축배를 들어라.'

01.
자존감이 내 삶의 출발점이다

　최근 들어 자존감에 관한 이야기를 많이 들어봤습니다. 사람은 유일무이한 존재이다. 그렇기 때문에 내가 지질하고, 남들보다 못하고, 별로라고 하더라도 괜찮다고요. 저는 반대합니다. 물론 남들보다 못하는 건 당연한 겁니다. 무엇을 기준으로 하느냐에 따라 못할 수도 있고 잘 할 수도 있기 때문이죠.

　다만, 나 자신이 지질하고, 모자라도 괜찮다는 내용은 격렬히 거부합니다. 그것은 나를 사랑하지 않는다는 증거입니다. 내가 나를 조금씩 포기해 가는 겁니다.

　자기 자신을 사랑하지 못하는 이유는 다른 것이 없습니다. 본인이 그저 그렇고, 별로이기 때문입니다. 자기 자신을 진정으로 사랑하는 사람은 그런 스스로를 참을 수 없습니다. 노력합니다. 부단히 노력합니다. 더 나은 자신으로 만들고 싶기 때문이죠. 스스로에게 기대하는 바가 많거든요.

자기 자신을 사랑해야만 하는 이유는 따로 있습니다. 내가 사랑하는 사람들을 가치 있고 멋지게 만들 수 있는 최고의 방법입니다. 예를 들어 봅시다. 자존감도 없고 자기 자신을 사랑하지도 않는 사람이 부모님께, 또는 진정으로 사랑하는 사람에게 진심으로 '나는 너를 사랑해.'라고 한다고 합시다. 그 고백을 받은 사람은 자존감도 없고 자기 자신을 사랑하지 않는 사람에게서 고백을 받은 겁니다. 솔직히 말해, 진심이 담겨 있을지라도, 그저 그런 고백을 받은 겁니다.

반면에, 자존감이 있고, 자기 자신을 사랑하는 사람이 같은 고백을 했다고 합시다. 어떨까요? 아주 귀중한 고백을 받은 겁니다. 진심도 있겠고, 가치도 있습니다. 이렇듯 타인을 진정으로 사랑하고 귀하게 만들기 위해서라도 나 자신이 스스로 가치 있는 사람이 되어야 합니다.

유일무이한 존재라는 사실만으로 '나'라는 존재를 가치 있는 존재로 만들 수 없습니다. 가치는 타고나게 주어지는 것이 아니라 끊임없는 노력으로 만들어가는 것입니다. 그런 뒤에 그것을 바탕으로 나의 것들을 나누는 일이 인간이 할 수 있는 가장 사랑스러운 일이라고 생각합니다.

자존(自尊)감의 뜻을 풀이하면 다음과 같습니다. 자존은 스스로 자, 존중할 존입니다. 자신에 대한 존엄성이 타인들의 외적인 인정이나 칭찬에 의한 것이 아니라 자신 내부의 성숙된 사고와 가치에 의해 얻어지는 개인의 의식을 말합니다.

자존감을 갖기 어려운 것은 당연합니다. 남들과 비교하는 습관을 없앤다고 해서, 남들에게 칭찬을 받는다고 해서 얻어지는 것이 아닙니다. 스스로를 사랑하여서, 또 미워하여서, 노력하고, 고통을 겪어야만 얻어지는 감정입니다. 애초에 '자존감을 가지자.' 이렇게 말만 해서는 얻어질 수가 없는 가치입니다.

지금부터 이어질 이야기는 제가 어떤 실패들을 거쳐 자존감을 얻게 되었는지에 관한 내용입니다.

"삶은 자기 자신을 찾는 여정이 아니라 자기 자신을 만드는 과정이다."

_ 조지 버나드 쇼

"진정한 사랑은 나 자신을 사랑하는 것에서 시작한다."

_ BTS(방탄소년단)

02.
처절한 실패의 교훈

초등학교에 다니기 시작하면서 저는 태권도를 배웠습니다. 3단까지 따고 그만뒀으니, 최소 초등학교를 다니던 그 6년은 넘게 태권도를 배운 셈이었죠. 처음에는 취미 정도로 다녔습니다. 인성, 예의범절, 애국심을 배워야 한다. 자기 몸은 자기가 지킬 줄 알아야 한다. 최소한의 체력은 길러야 한다. 그런 목적에 부모님께서는 태권도장에 저를 보낸 듯했습니다.

그러다 초등학교 4학년 무렵, 관장님께서 이제 낮에 나오지 말고, 밤에 나오라는 겁니다. 제가 알기로는 밤 시간은 시합부 친구들이 운동을 하는 시간이었습니다. 싫었습니다. 진짜 싫었습니다. 부모님한테 진짜 하기 싫다고 몇 번 울고불고 떼를 썼습니다. 역시 실패했습니다. 그래서 시합을 준비하는 친구들, 형들과 같이 운동을 하게 되었죠. 굉장히 힘들 줄 알았습니다. 그런데 생각보다 훨씬 더 힘들었습니다. 매일매일 너무 스트레스를 받았습니다. 저랑 같이 짝을 하던 친구와 서로 발차기를 한 번씩 주고받고, 아프더라도 참고, 겨루기를 하며 맞고 아프고, 방학이면 새벽마다 동네를 구보했습니다. 그렇게 하루하루를 보내고 대망의 겨루기 시합날이 왔습니다.

정말 떨리더군요. 그때 쪼그려 앉아서 떨면서 제 차례를 기다리며 어머니 휴대폰으로 게임을 했던 것이 기억이 납니다. 제 차례가 오고, 호구를 착용하고, 상대방을 봤습니다. 키가 저보다 훨씬 크더군요.

아무튼 경기는 시작이 되었고, 되자마자 쿵 하더니 앞이 안보이더군요. 한 번은 다시 일어났습니다. 그래서 다시 경기가 재게되었는데, 그러자마자 또 앞이 안 보이더군요. 경기는 그대로 끝이 났습니다. 맞아가지고 머리도 아프고, 그동안 열심히 했던 노력의 대가가 K.O.라니 너무 억울해서 울었습니다.

그날 저는 확실히 깨달았습니다. '태권도는 아니다. 나는 생명의 위협이 없는 공부를 해야겠다.' 그래서 저는 공부를 하겠다고 말씀드렸고, 태권도는 그냥 취미부에서 다니겠다고 했습니다. 취미부로 다니다 보니 또 뭔가 허전하긴 하더군요. 그래도 공부하는 삶이 그나마 사는 것 같았습니다.

시합부에서 저는 토끼였고, 나머지 친구들, 형들은 호랑이였습니다. 공부 쪽으로는 노루 정도는 되는 상태였기 때문에 숨통이

트였습니다. 그리고 저는 그 공부를 중학교, 고등학교까지 쭉 이어가서 공부로는 호랑이 중에도 가장 강한 호랑이가 되었습니다.

처절한 실패라도 이처럼 좋은 계기가 될 수 있습니다. 태권도를 다니면서 잡혔던 발에 물집, 겨루기를 하기 직전의 그 긴장감, 낭심을 강타당했을 때의 그 고통, 새벽 구보를 하며 턱 끝까지 차오르는 숨 등 수많은 노력과 인내가 있었어도 결과는 실패였습니다.

다만, 이러한 노력과 인내들이 내성을 길러준 것은 사실입니다. 공부를 해보니 샤프를 쥐는 손가락 끝마디가 아프기는 했지만, 물집이 잡히지는 않았습니다. 시험지를 받기 전 긴장이 되기는 했지만, 겨루기 상대의 눈동자를 보는 것보다는 긴장되지 않았습니다. 오래 앉아있을 때 허리가 아프기는 했지만, 낭심을 강타당한 것만큼은 아니었습니다. 공부할 양이 많아 벅차기는 했지만, 숨이 터질 것 같지는 않았습니다. 처참한 실패의 과정이 저를 단련시켜 준 셈입니다.

> "우리 모두 살면서 몇 번의 실패를 겪는다. 이것이 바로 우리를 성공할 수 있도록 준비시킨다."
>
> _ 랜디 K. 멀홀랜드

토머스 에디슨의 이야기가 떠오릅니다. 그는 알카라인 건전지를 위해 5만 번 실험했고 전구 하나를 위해 9천 번 실패를 했습니다. 그에 대해 물었더니, 그는 이런 말을 했죠.

"나는 실패하지 않았다. 나는 방금 작동하지 않는 10,000가지 방법을 찾았다."

사실 위인들의 명언이 그렇죠. 참 맞는 말인데, 너무 대단한 사람들이라 잘 와닿지 않지요. 저로 보면 편하실 겁니다.

"나는 실패하지 않았다. 나는 방금 내가 못하는 1가지 일(태권도)을 찾았다."

태권도로 실패하고 무너진 뒤 저는 공부로 일어섰습니다. 이렇게 나에게 맞지 않는 일을 하나씩 찾아서 지워 가는 것은 결국 나에게 맞는 일을 찾게 도와주는 일입니다. 이 이야기에 대해서는 나중에 자세히 하도록 하겠습니다.

"넘어진 것은 당신의 잘못이 아닐 수 있다. 그러나 일어서지 않는 것은 당신의 잘못이다."

_ 스티브 데이비스

"벽을 내려치느라 시간을 낭비하지 마라. 그 벽이 문으로 바뀔 수 있도록 노력하라."

_ 코코 샤넬

03.
'불만'을 사랑하는 이유

중학교 1학년 갓 입학 후, 첫 수학 시간이었습니다. 그 선생님은 자리 배치를 등수로 나눴었죠. 9개의 조로 나눠서 4개의 책상. 1~9등은 순서대로 1등은 1조 2등은 2조 3등은 3조의 첫 번째 자리로 배치가 되었고 그 뒤로도 쭉 순서대로 앉게 하셨어요. 저는 3조의 첫 번째 자리로 배치가 되었죠.

그 당시 저는 항상 인상을 쓰고 다녔어요. 지금도 그런 편이긴 한데, 어릴 적 돌 사진을 보니 그때부터 인상을 이미 쓰고 있더군요. 부모님께 여쭤보니, 이렇게 말씀하셨습니다.

"니 애기 때, 유모차에 끌고 돌아댕기면, 사람들이 '와 애기다.' 하면서 얼굴을 보고는 '와 아가 인상을 이래 쓰고 있습니꼬…' 하는 이야기를 많이 들었다."

아무튼, 첫 시간부터 인상을 팍 쓰고 있었죠. 그래서 선생님께서 이렇게 물었습니다. "니는 뭐 사회에 불만이 있나?" 저는 대답

했습니다. "뭐 그럴 수도 있죠." 아주 호되게 혼났습니다. 혼이 났다기보다도 욕을 먹었죠. '니 같은 놈은 사회 나가도 안 된다. 버릇없이 그게 무슨 말이냐?' 하는 식의 내용이었어요.

집에 와서 많이 울었던 기억입니다만, 지금 생각해보니 아주 기특했습니다. 저는 항상 불만을 가진 채 살아가야 한다고 생각하거든요. 그 불만이 제 발전의 실마리니까요. 물론 그 때는 사회에 불만 같은 것은 없었고, 생긴 것이 인상을 쓰게 생긴 거라 억울해서 울긴 했나 봅니다.

'불만'은 정말로 귀중한 감정이라고 생각이 듭니다. 불만(不滿) 글자 그대로 분석하자면, 차지 않은 것이죠. 이 말을 다시 이해하자면, 채울 것이 있다는 겁니다. 발전의 여지가 있다는 것이죠. 본인이 할 수 있는 선택은 두 가지입니다. 차지 않은 상태로 살아가거나, 채워가며 살아가거나입니다. 저는 후자였습니다. 욕심이 있었습니다. 제 성적은 제가 원하는 만큼 차 있지 않았습니다. 성적을 더 올려 좋은 대학교에 갈 가능성이 높은 학생이 되고 싶었습니다. 인정받고 싶었습니다.

반면, '만족'이라는 감정에 대해서는 한 번 더 생각해볼 필요가 있습니다. 일반적으로 '만족(滿足)'이라 하면 찰 만, 발 족(넉넉하다라는 의미로도 쓰임) 하여 '마음에 모 자람이 없어 흐뭇함'의 뜻이 있습니다. '주어진 바에 만족하며 살자.'라는 슬로건이 유행인 시대입니다. 저는 이에 반대합니다.

물이 반 정도 차 있는 물컵이 있습니다. 이를 보고 한 사람은 '물이 반이나 남아있네.'하고 다른 한 사람은 '물이 반밖에 남아있지 않네.'라고 말합니다.

어릴 적 들은 이야기로는 우리는 '물이 반이나 남았네.'라고 말하는 긍정적인 사고의 소유자가 되어야 한다는 것이었습니다.

긍정적인 사고와 발전적인 사고는 엄연히 다릅니다. 긍정적인 사고가 반드시 발전을 가져오지는 않습니다. 오히려 부정적인 사고가 발전을 가져올 수도 있습니다. '물이 반이나 남아있네.' 긍정적인 사고입니다. '물이 반밖에 남아있지 않네.' 부정적인 사고입니다.

봅시다. 긍정적으로 생각한 사람은 이미 만족한 상태입니다. 물을 더 채울 생각을 할 수가 없습니다. 반면, 부정적인 사고를 한 사람은 불만의 상태입니다. 어떻게든 채우려고 할 것입니다. 이는 생명력 있는 사람의 당연한 사고방식입니다.

공부 이야기만 하기 아쉬워 운동 이야기도 하겠습니다. 제가 처음으로 보디빌딩 시합에 나갔을 때가 기억이 납니다. 보디빌딩

식 다이어트를 처음 해보았습니다. 시간이 지날수록 근육이 선명해지고 각이 지면서 입체적으로 바뀌는 모습이 신기했습니다. 거울을 보고는 만족했습니다.

그때까지 해낸 바에 만족했습니다. '이 정도면 충분하겠지.'라는 생각이 저를 지배했습니다. 기분은 좋았지만, 더 이상의 발전은 없었습니다.

저는 그렇습니다. 기분은 나빠도 괜찮으니까, 발전이 있었으면 좋겠습니다. 정체되고 싶지 않고, 그래서 썩고 싶지 않고, 멈추어 있고 싶지 않습니다. 하루하루 나아지고 싶습니다. 그때는 몰랐습니다. 그리고 시합을 한 뒤 결과를 보니 예선 탈락이었습니다. 슬펐습니다. 나름 열심히 했는데, 만족을 했기 때문에 더 열심히, 잘 그리고 치열하게 못했습니다. 만족이란 감정 때문에 발전하지 못한 것이 마음이 아팠습니다. 그때 부모님께 말씀드렸습니다. 한 번만 더하겠다고, 당장 다시 다이어트 제대로 더 들어가겠다고요.

아! 사실 부모님께서는 제가 보디빌딩 대회 출전하는 것 자체를 반대하셨습니다. 이 이야기는 좀 더 뒤에서 하도록 할게요.

그다음 대회 준비 기간에서는 절대 만족하지 않았습니다. 할 수 있는 데까지 했습니다. 그럼에도 불구하고 제가 만든 제 몸에 대해 불만이 가득 찬 상태로 무대에 올랐습니다. 그 결과는 어떻게 됐을까요? 부산광역시 시장배 보디빌딩 대회 일반부 60kg급에서 입상을 할 수 있었습니다. 저는 그 뒤로 불만감을 만족감보다 더 사랑하기로 마음먹었습니다.

"Stay Hungry."

_ 스티브 잡스

"성공의 시작은 갈구하는 것입니다. 계속해서 마음으로 바라십시오. 갈구하는 마음이 약하면, 결과도 약하게 됩니다. 불이 약하면 온도가 낮은 것과 같은 것입니다."

_ 나폴레옹 힐

폴리아나 원칙(Pollyanna Principle)과 낙관적 편향(optimistic bias)을 가지고 이야기해보겠습니다. 폴리 아나 원칙에 따르면 우리는 과거의 불쾌한 기억보다 즐거웠던 기억을 더 자주 떠올리는 경향이 있습니다. 낙관적 편향이란 사람들이 미래가 현재보다 나을 것이라고 생각하는 경향성입니다.

즉, 과거나 미래는 실제보다 더 미화된다는 뜻입니다. 이렇게만 본다면 '아, 인간이 행복할 수 있겠구나.' 싶기도 합니다. 과거도 행복하게 보고, 미래도 긍정적으로 생각한다는 것이니까요.

그러나 자세히 들여다보면 그렇지 않습니다. 과거와 미래가 실제보다 미화된다는 것은 현재는 그만큼 비교적 나쁘고 불행하게 느껴질 수 있다는 겁니다.

왜 그러할까요? 제 생각은 이렇습니다. 과거와 미래는 아름답게 느껴지게 두어 인간이 살아갈 또는 죽지 않을 원동력을 주기 위함일 것이고요.

현재는 불만족스럽고 결핍되게 느껴지게 두어 발전할 원동력을 주기 위함일 것입니다. 저는 인간이 진화론적으로 그리고 생물학적으로 이렇게 설계되었다고 생각하기로 했습니다. 생존과 번식에 더 도움이 되기 때문이라고 합리화를 했죠. 이를 전적으로 받아들이고 수용하면 편합니다. 현실은 항상 불만스럽습니다. 그러할 때 더 배우려 하고, 운동하려 하고, 스스로 발전하려 하는 태도는 본능입니다.

시련을 이겨내고, 더 나은 '나'로 탈바꿈하려는 것, 이것이 나의 본능이자 삶의 본질입니다.

> "과거에 연연하지 말고,
> 미래를 몽상하지 말며,
> 현재에 집중하라."
>
> _ 부처

수험공부, 운동 스타일과 잘하는 비법

제가 공부하는 목적은 단순합니다. 문제를 풀어 맞히는 것입니다. 개념 공부보다도 문제를 먼저 풉니다. 그러면 무조건 틀립니다. 틀리려고 푸는 거니까요. 문제를 풀면서 왜 내가 못 푸는지를 파악합니다. 수학 문제들은 대게 이렇게 틀립니다.

'이 상황에서는 A 공식을 쓴 다음, B 공식을 써야 하는데, B 공식을 몰라서 못 썼다.'

그런 다음, 같은 패턴이지만 다른 문제를 풉니다. 웬만하면 틀립니다. 또 같은 패턴이지만 다른 문제를 풉니다. 맞힐 수도 있습니다. 이것을 반복합니다. 그러다가 맞히는 것이 지겨워질 때가 있습니다. 그러면 어느샌가 B 공식은 외워져 있습니다.

"개념을 탄탄히"

저는 이 말이 제일 싫습니다. 수험공부에 있어서 목적은 개념을 탄탄히 하는 것이 아니라 문제를 맞히는 것입니다. 책에 있는 개념 정리 부분은 이미 그 공식을 언제, 어떻게 사용하는지 체득한 뒤에 심심할 때 봅니다.

제가 운동하는 목적은 철저히 몸을 만드는 것에 있습니다. 제가 운동을 하는 이유는 강한 근력을 가지기 위해서, 강한 지구력을 가지기 위해서가 아닙니다. 내 눈으로 볼 때 예술적으로 아름다운 신체를 갖기 위함입니다. 그렇기에 근육에 자극을 주는 느낌을 중시합니다.

쉽게 설명하면, 벤치프레스를 할 때, 손에 쥐고 있는 바벨을 들어 올리면서 가슴 근육이 쓰이는 것 아니라, 가슴근육을 수축, 이완하는 것인데 그에 따라 바벨이 들어 올려지는 느낌입니다. 무거운 것을 드는 것이 목적이 아니라, 근육을 사용하는 것이 목적이지요. 운동, 식단 등 몸만들기에 관한 이야기는 제 유튜브 채널에 있기 때문에 책에서는 따로 언급하지 않겠습니다.

무언가를 잘 하는 비법 중에 최고의 비법은 그냥 하는 것입니다. 이런 부류의 사람들이 있습니다. 하라는 공부, 운동은 안 하고 특별한 비법이 있을까 싶어 그것들을 찾는 부류요. 그런 비법 없습니다.
이런 생각이 드는 기전이 뭔가 생각해봤습니다. 타인의 노력을 저평가해서 그렇습니다. '저 전교 1등이 진짜 무식하게 공부해서 저렇게 잘할까? 내가 해보니 이건 너무 힘들다. 이렇게 힘든 것을 저 사람이 해냈을 리가 없다.' '저 몸 좋은 사람이 진짜 무식하게 운동, 식단 관리를 철저히 해서 저렇게 몸이 좋을까? 내가 해보니 변하지도 않고 힘들기만 하다. 이렇게 무식하게 힘든 것을 참고 견뎠을 리가 없다.' 이런 부류입니다.

제가 내린 정답은 힘든 것 해낸 게 맞고, 무식하게 철저히 한 게 맞습니다. 그게 비법입니다. 고통을 참고 꿋꿋하게 실천했거나, 고통을 즐기며 더 큰 것을 실천하거나 둘 중 하나입니다. 받아들이기 힘들 수 있겠지만 사실입니다.

제가 만난 저보다 공부를 더 잘하는 사람들, 몸이 더 좋은 사람들(스테로이드 약물 사용자 제외)은 저보다 더 노력하는 사람들이었습니다. 이러한 사람들은 다른 사람들 이 특별한 비법을 찾을 시간에 할 일을 하고 있습니다.

공부를 잘하는 비법, 몸을 잘 만드는 비법을 찾는 것이 중요한 일이 아닙니다. 삶에 있어 최선을 다하는 것이 중요합니다.

"shut up and do it." 보디 프로필 사진작가님께서 섹시한 느낌을 강조하기 위해 바지 단추를 풀라고 하셨습니다. 굉장히 부끄러웠습니다.

04.
어깨가 무거우면 더 강해진다

중학교 1학년 입학 당시, 저는 수학 외의 과목은 잘하지 못했습니다. 수학이야 운이 좋게 반에서 3등할 정도의 실력이었고요. 물론 전국적으로 보자면 훨씬 낮았겠지요.

문제가 많았던 중학교였습니다. 양아치들이 득실득실했고요. 공부를 하는 아이들은 확실히 있기는 했지만 많지는 않았죠. 그런 중학교에서 저는 8등으로 시작을 했습니다.

제 아버지는 서울대학교 출신이십니다. 그러한 사실을 저는 아주 어릴 적부터 친할머니로부터 귀에 못이 박히도록 들어왔습니다.

"너희 아부지가 어릴 때 그렇게 영리했다. 서울대도 장학금을 받고 들어갔다. 욱아. 니도 꼭 똑똑하고 훌륭한 사람이 되어야 한다." 이렇게 말입니다.

좋은 말씀입니다. 제가 잘되기를 바라는 마음이었을 겁니다. 그렇지만, 부담감 역시 같이 생기기 마련이죠. 무의식 속에서도 의식 속에서도 '나도 아버지처럼 서울대에 가야겠다'는 생각이 있었습니다. 성적이 낮다는 불만(不滿)에 서울대학교에 가야 한다는 부담(負擔)이 더해진 셈이죠.

'부담(負擔)'은 이라는 단어는 그대로 풀이하자면 질 부, 멜 담 하여, 짊어지고 메는 것입니다. 스스로 느끼는 책임입니다.

훌륭합니다. '흙수저', '금수저' 하는 말이 있습니다. 사전적 의미를 살펴보면 이렇습니다.

흙수저
명사: 집안 형편이 넉넉하지 않아 부모로부터 경제적인 도움을 받지 못하는 사람을 비유적으로 이르는 말.

금수저
명사: 부유하거나 부모의 사회적 지위가 높은 가정에서 태어나 경제적 여유 따위의 좋은 환경을 누리는 사람을 비유적으로 이르는 말입니다.

많은 사람들이 금수저이기를 원합니다. 부담(負擔)이 없기를 바랍니다. 그렇지만 한번 생각해봅시다. 스타크래프트라는 게임을 아시나요? 전략 시뮬레이션게임으로 시작하기 3가지 종족 중 한 가지 종족을 선택합니다. 그리고는 자원을 모으는 4마리의 일꾼으로 각각 시작합니다. 그러고는 각자 선택한 방법으로 병력을 모으고, 전투를 치르며 전쟁을 하여 상대방을 이기는 것이 목적인 게임입니다.

이 게임에서 싱글 모드에서 컴퓨터와 상대할 때 사용할 수 있는 치트키가 있습니다. 입력창에 show me the money를 한 번 입력할 때마다 미네랄과 가스가 10,000씩 증가합니다(등등이 있습니다).

참 불공평합니다. 컴퓨터는 처음 일꾼 4마리와 미네랄 50으로 바닥부터 시작을 하는데, 사람은 show me the money 치트키를 쓰면 그렇지 않으니까요. 이렇게 치트키를 쓴 상황을 현실에 대입해 봐도 큰 차이가 없어 보입니다. 누구는 태어났을 때부터 미네랄 가스가 10,000씩 있습니다. 반면, 누구는 미네랄 50밖에 없습니다. 누구는 태어났을 때부터 본인을 지켜주는 보디가드가 있고, 집을 치워주는 청소부가 있고, 맛있는 요리를 해주는 요리사가 있습니다. 반면, 누구는 부모님조차 계시지 않습니다.

어떤가요? 억울하지만, 게임처럼 삶을 끌 수도 없습니다. 좋은 점이 없어 보이죠. 사실 저는 이렇게 생각하지 않습니다.

직접 예를 들어 봅시다. 제가 다른 한 사람과 서로 인생을 건 스타크래프트 한 판을 한다고 하죠. 상대방은 show me the money를 사용하고 저는 그냥 맨바닥에 서 시작합니다. 일반적으로 누가 더 치열하고 미친 듯이 할까요? 누가 더 많은 고민과 노력을 할까요? 후자입니다.

정신승리라 볼 수도 있겠네요. 흙수저의 정신승리법이라며 비웃을 수 있겠습니다. 네 좋습니다. 흙수저의 정신승리법이라고 보고 싶다면 그렇게 하셔도 좋습니다. 저는 흙수저의 승리법이라고 보고 싶습니다. 본인의 선택입니다.

운동으로도 볼까요? 1kg 덤벨(헬스장에 있는 아령이라고 보시면 됩니다.)을 들 수 있는 몸과 10kg 덤벨을 들 수 있는 몸은 다릅니다. 신기합니다. 처음부터 10kg 덤벨을 들 수 있는 타고난 신체가 강한 사람도 있습니다. 반면, 처음부터 1kg 덤벨조차 들 수 없는 타고난 신체가 약한 사람도 있습니다. 재밌는 점은 이것입니다. 타고난 신체가 강한 사람은 그냥 만족하는 경우가 종종 있습니다. 반면, 타고난 신체가 약한 사람은 불만을 갖고 이 악물고 이겨내려 하는 경우가 많습니다. 그렇게 몇 년이 흘러서 다시 본다면, 1kg 덤벨을 들던 그 사람은 어느새 20kg 덤벨을 들 수 있게 되어

있습니다. 정말 재밌지 않나요? 노력과 헌신으로 성장하는 것이
사람으로서 할 수 있는 가장 빛나는 일이라는 생각이 듭니다.

"어깨의 짐은 무거울수록 좋다.

그것으로 성장하기 때문이다.

그대는 그것에 지지 않을 강인함을 가지고 있다."

_ 야마오카 소하지, 『도쿠가와 이에야스』

05.
무위도식의 본능적 거부

중학교 1~2학년까지 시절 저는 게임을 굉장히 열심히 했습니다. 기억에 앞서 말씀드린 스타크래프트와 메이플스토리라는 게임을 열심히 했습니다.

한쪽 머리로는 이것들을 끊고 좀 더 공부에 집중을 해야 한다고 생각했고, 다른 한쪽 머리로는 이것이 나의 유일한 스트레스 해소법이라고 생각했습니다.

실질적으로 게임을 하는 행위는 스트레스를 해소하지 않습니다. 수면 불균형, 교감신경계 흥분, 피로감 등을 유발하여 스트레스를 가중시킵니다.

그렇지만 사실을 안다고 해서 그것에 따라 실천으로 옮기는 일은 쉽지 않습니다. 이때 제가 사용했던 방법이 있습니다. 일단 아무것도 하지 않는 것입니다.

공부와 게임 둘 다 욕심은 있었죠. 공부는 하기 싫었습니다. 게임은 하고 싶었습니다. 둘 다 하지 않아보는 겁니다. 아무것도 하지 않고 시간을 보내봅니다. 아무런 발전도, 흥분도, 재미도 없이 따분하게 시간을 보내는 겁니다. 한두 시간이 아니라 며칠을 그렇게 보냈습니다. 그러다가 공부를 시작하게 되면 이것이 하고 싶게 됩니다.

인간은 약 400만 년 전쯤부터 직립하여 수렵생활을 했다고 합니다. 그리고 약 1만 년 전부터 정착생활을 하기 시작했고요. 399만 년 동안 수렵 생활을 한 셈이지요. 수렵 생활에서의 핵심은 안정적인 것을 거부하는 것입니다. 생각해봅시다. 한 지역에서 머물면서 그 지역에 있는 동물들을 사냥하고, 열매를 따 먹었다고 합시다. 그렇게 되면 이제 장소를 옮겨야겠죠?

그런데 어느 부족들이 '우리는 옮기지 않겠다. 안주하겠다.'라는 생각으로 옮기지 않았다고 봅시다. 다 죽었을 겁니다.

반면, '새로운 곳으로 떠나자. 가만히 있을 수는 없다. 뭐라도 하자.'는 부족들은 어땠을까요? 물론, 새로운 환경이나 외부 자극에 적응하기 어렵고 힘들고 했겠지만, 살아남을 확률은 훨씬 높았을 겁니다.

즉, 어찌 보면 우리는 본능적으로 새로운 환경, 외부 자극을 찾아 나섰던, 나서야만 했던 부족들의 후예인 것입니다.

앞서 말씀드렸던 아무것도 하지 않던, 새로운 환경도, 외부의 자극도 없었던 시간을 오래 보내다가 공부라는 새로운 환경, 자극을 만나게 되면 사는 것 같다는 느낌이 듭니다. 그리고 공부라는 것이 하면 할수록 할 것이 많습니다. 계속 새로운 자극입니다.

무위도식[無爲徒食, ① 하는 일 없이 헛되이 먹기만 함, ② 게으르거나 능력(能力)이 없는 사람]이라는 단어가 떠오릅니다. 우리들은 무위도식을 머리로는 항상 바랍니다. 맛있는 것 먹고 등 따시게 누워서 자는 것 좋아합니다. 그렇지만 본능적으로는 이것을 거부합니다. 나태(懶怠)라는 단어의 뜻을 보면 게으르고 느린 것입니다. 이렇게 지내다 보면 본능적으로 이를 거부한다는 사실을 깨달을 수 있습니다. 깨닫고 나면 이를 이성적으로 거부하며 열심히 살게 됩니다. 그 끝에는 아름다움이 있습니다.

"오늘은 힘들고 내일은 더 힘들 것이다. 하지만 모레는 아름답다."

_ 잭 마윈

06.
스스로를 경멸하는 사람은,
경멸하는 자신을 존중한다

시간이 흘러 중학교 3학년이 되었습니다. 반에서 8등으로 시작
했던 저는 어느새 꾸준히 2등을 하는 수준이 되어 있었습니다.
제 반에는 전교 등수로는 저보다 훨씬 잘하는 1등인 친구가 있었
습니다.

사실 친구라고 생각하지는 않아서, 그런 아이가 있었다고 하는
것이 맞겠습니다. 비교를 많이 당했습니다. '둘이 똑같이 열심히
하는데, 왜 너는 항상 2등이니? 역시 타고난 머리란 것은 이기지
못하나 보네.'

비교당하는 일은 정말 기분이 좋지 않습니다. 지금 생각해보면
제가 2등인 것은 당연한 일입니다. 그 아이는 어릴 적부터 공부
를 열심히 해오던 아이이고, 저는 중학교 들어와서 정신을 차렸
으니까요. 꾸준히 노력해온 시간의 힘이란 쉽게 무너뜨릴 수 없습
니다.

그렇지만 당시에 저는 아주 싫고 미운 감정이 들었습니다. 그것이 누구를 향한 것일까, 바로 저였습니다. 미리 좀 공부를 할 것을, 시험기간에 텔레비전을 끄고 좀 더 책을 볼 것을, 하며 혐오(嫌惡)감이 생겼습니다. 그것은 1등을 하는 아이를 향한 것이 아니라 저 스스로를 향한 것이었습니다.

제가 저를 미워하면 미워할수록 저는 더 나은 사람이 되고 있었습니다. 뭔가 포기하려고 하는 모습, 집중을 하지 못하는 모습, 패배를 당연시 여기려는 모습이 싫었고 아주 미웠습니다.

그러다 보니 그런 모습과 점점 멀어졌습니다. 계속해서 나아졌고요. 혐오(嫌惡)라는 단어는 이렇듯 나쁘지만은 않습니다. 내가 나의 어떤 모습을 싫어하는지에 따라 내가 어떤 모습으로 발전해나갈지가 정해지기 때문입니다.

'스스로를 있는 그대로 사랑하자.'

저는 싫습니다. '발전하려 아등바등 노력하는 스스로를 사랑하자.'가 좋습니다. 어느 쪽이든 자기 자신을 사랑하는 것은 마찬가지입니다. 발전하지 않고 정체된 그대로의 자신을 사랑하던가, 발전하려 하고 그대로를 거부하는 자신을 사랑하던가가 문제입니다.

운동에서도 마찬가지입니다. 저는 대학교를 다니면서 웬만하면 운동을 하루 2번씩 했습니다. 그렇게 운동을 하려면, 새벽에 일어나야만 했습니다. 새벽에 한 번, 그리고 점심시간에 한 번 또는 수업이 마친 뒤에 한 번 이렇게 진행했습니다.

가끔은 새벽에 눈을 뜨고도 몸을 움직이기가 싫을 때가 있습니다. 일어나기 싫어하다가 또 더 싫어하다가 다시 잠드는 경우도 더러 있었습니다. 그때 저는 제가 싫었습니다. 일부러 더 싫어했습니다. 그 모습을 혐오하고 경멸했습니다. 내가 더 나은 사람이 되었으면 해서요. 나는 나를 더 좋은 사람이라고 더 나은 사람이라고 생각하고 있는데, 실제로는 그러고 있지를 못하니 미웠던 것이죠. 내가 싫어하는 나의 모습을 미워하다 보니, 제 몸 역시 하루하루 아주 조금씩, 발전하고 있었습니다.

삶의 밀도라는 것이 있습니다. 중학교 때 반에서 1등 하던 그 아이의 1분과 제 1분의 밀도는 달랐습니다. 인정할 건 인정해야 바뀝니다. 제 밀도가 낮습니다. 노력의 집중도나 그 시간에서 얻어내는 것이 비교적 부족하다는 것입니다.

단번에 이 밀도를 높일 수는 없습니다. 그냥 꾸준히 한 겹 한 겹씩 쌓아가는 겁니다. 누군가에게는 최선의 노력이 누군가에게는 일상적인 노력일 수 있습니다. 그렇기에 비교가 안 됩니다.

예를 들어봅시다. 태릉선수촌의 운동선수가 '오늘은 가볍게 운동했어.'라고 했고, 처음 운동을 시작하는 사람이 '오늘은 죽을 정도로 했어.'라고 했다 합시다. 운동의 강도와 밀도는 태릉선수촌의 운동선수가 훨씬 높을 것으로 쉽게 예상할 수 있죠. 왜 그럴까요?

노력에도 역치라는 것이 있습니다. 노력도 하면 할수록 늡니다. 처음에는 1만 해도 지치던 것이, 그다음 날 1.0000001을 하고, 그다음 날 1.0000002를 합니다. 하루하루 쌓아나가면서 노력에 대한 기준을 높이는 것입니다. 그렇게 꾸준히 하다 보면 어느샌가 나의 일상적인 노력도 10이 되어있고 100이 되어있을 것입니다. 그때는 처음 시작할 때의 최선이었던 1의 노력은 몸풀기가 되어 있을 겁니다. 안 해봐서 못하는 것입니다. 다시 한번 말씀드리지만, 노력도 늡니다.

"스스로를 경멸하는 사람은, 경멸하는 자신을 존중한다."

_ 프리드리히 니체

07.
멀리 보지 말고, 바닥만 보고 걸어라

시간이 또 흘러 고등학교에 입학하게 되었습니다. 물론, 중학교 3학년 시절 반에서 1등 하던 아이는 한 번도 성적으로 이긴 적은 없습니다. 심지어 같은 고등학교에 진학하게 되었지요. 반은 달랐습니다.

고등학교 입학을 했더니, 저는 다시 반에서 3등이 되어 있었습니다. 저는 등수가 나오는 것이 너무 싫었습니다. 비교를 당하기 때문이었죠. '누가 1등이네. 누가 누구보다 점수가 높네.' 물론, 이런 식의 비교로부터 자유롭기는 어려웠죠.

그렇지만, 저는 고등학교에 입학한 이상, 주변 친구들과의 비교에 신경 쓰기보다도 대학교 진학을 신경 쓰는 것이 더 옳다고 생각하여 모의고사에 집중하기 시작했습니다. 첫 번째 3월 모의고사에서 국영수를 모두 2등급을 맞았습니다. 객관적으로 보면 상위권에 속하는 편이었지만, 저는 서울대에 진학하고 싶어 했던 아이였습니다. 충격을 받았죠. '이렇게 공부해도 세상에는 대단한 사람들이 많구나. 난 우물 안의 개구리였구나.' 생각을 했습니다.

'목표는 저 위의 산 정상인데, 나는 지금 산 중턱에 있구나.' 한탄하면서 잠시 동안 하염없이 정상만 바라봤습니다. 그러다가 문득 생각이 들더라고요. 산 정상을 바라만 보고 있는 상태는 한 치도 그 바라보고 있는 정상과 가까워지고 있는 순간은 아니라고요.

그래서 바닥을 보며 넘어지지 않게 한 걸음 한 걸음 걸었습니다. 그러다가 4월에 사설 모의고사를 치게 되었습니다. 거기서 저는 국영수 과목 모두를 1등급을 받게 되었습니다.

저는 삶의 목표를 정하고 그것을 위해 노력하는 일은 등산과 비슷하다고 생각합니다. 저는 개인적으로 등산을 싫어하기는 합니다만 해본 적은 있습니다. 산에 오르기 전, 앞에 등산 안내도를 봅니다. 보고 이런 방향으로 가면 되구나. 머릿속에 그리고 출발을 합니다.

걷다 보면 머릿속에 그린 것은 거의 아무 의미가 없습니다. 어느 방향으로 나아가고 있는지 어느 위치에 있는지도 알 수가 없지요. 앞을 보고 걸을 수도 없습니다. 바닥이 워낙 울퉁불퉁해야지요. 앞에 내가 나아가야 할 길을 보고 걷다가는 넘어지기 십상입니다.

그래서 바닥만 보고 걷게 되지요. 바닥만 보고 당장 다음 디딜 발 자리를 찾는 것에만 집중합니다. 끈질기게요. 그렇게 오랫동안 꾸준하다가 뒤를 한번 돌아보면 꽤 높이 올라와 있습니다.

현실적으로도 그렇습니다. 예를 들어 고등학교 시절 서울대(산 정상)에 가겠다고 했을 때, 할 수 있는 일은 지도를 볼 수 있겠죠. 계획을 세우는 일이죠. 지도를 보고 걷다 보면 '여기가 어디지? 앞으로 어느 방향이 나오지?'는 어느샌가 알 수가 없게 됩니다.

마찬가지로 공부 계획을 세우고 직접 하다 보면 '나의 실력은 어느 정도지? 앞으로 무엇을 해야 하지?' 역시 알 수 없습니다. 더욱이 다시 등산으로 돌아와 보면 앞을 보고 걷지도 못합니다. 바닥만 보고 걷게 되지요. 공부도 그래요. '내일 무슨 공부하지' 생각해도 안 됩니다. 지금 내 눈 아래 있는 책을 보고 공부를 해야 하지요. 끈질기게요. 그러다 보면 어느샌가 꽤 성장해있습니다.

실질적으로 미래를 그리고, 예상해서 미래를 살기는 현재에서는 할 수 없습니다. 미래의 일은 그 미래가 현재가 되었을 때야만 할 수 있는 것입니다. 고로 모든 일은 현재에만 할 수 있습니다.

실제 할 수 있는 일은 현재의 순간에 집중하는 것, 그러한 짧은 순간을 지속시키는 것이라는 생각이 듭니다. 이것을 저는 끈기라고 봐요.

한자로는 근기(根氣)라고 하죠. 그대로 해석하자면 근본이 되는 기운이죠. 바탕이 되는 기운, 뿌리의 기운이죠. 실질적으로 나를 성장시키는 그 근원인 뿌리가 되는 것입니다.

식물로 보아도 그렇지 않나요? 저 키 높은 나무를 보아도, 저 나무를 키우는 것은 가장 높은 곳에 있는 가지가 아니라, 바닥 속에 깊이 박혀있는 보이지 않는 뿌리니까요. 지금 내가 할 수 있는 가장 근본적이고 뿌리가 되는 실천은 꿈을 바라보고, 상상하는 것이 아니라 그냥 하는 것입니다. 노력은 미래가 아니라 현재에 합니다.

> "끊임없이 노력하라. 체력이나 지능이 아니라 노력이야말로 잠재력의 자물쇠를 푸는 열쇠다."
>
> _ 윈스턴 처칠

> "굳은 인내와 노력을 하지 않는 천재는 이 세상에서 있었던 적이 없다."
>
> _ 아이작 뉴턴

모나리자

레오나르도 다 빈치(Leonardo da Vinci)가 그린 세계에서 가장 유명한 초상화인 모나리자입니다. 루브르 박물관에 있습니다. 가보지는 않았지만 그렇다고 하더군요. 유럽을 다녀온 친구들이 직접 보았다고 참 아름다웠다고 종종 이야기를 합니다.

그런데, 저는 솔직히 저 그림이 아름다운지 모르겠습니다. 도무지 모르겠습니다. 저기 저 모나리자라는 분이 제 스타일도 아니고, 배경이 아름다운 것도 아니고요. 무언가 깨달음을 주는 것도 없습니다. 해설을 읽어보니, 입가의 미소가 신비롭다고 그럽니다.

제가 볼 때는 그냥 억지로 웃으려는 것 같습니다. 루브르 박물관에 가서 이렇게 이야기를 한다면 남들이 교양 없는 사람으로 보겠지요. '르네상스 시대 새롭게 나타난 스푸마토 기법으로 표현한 저 깊이감과 온화한 느낌은 황홀합니다.'라는 말을 억지로 꺼내며 감동한 척할 수도 있습니다. 그렇지만, 남들의 기준에 맞추느라 내 주관을 잃는 것보다, 남들의 기준을 깨버리고 내 주관을 찾는 일이 더 좋습니다.

물론, 저 그림이 나쁘다고 말하는 것이 아니라, 저한테는 별로라고 말하는 것입니다. 많은 사람들이 가치 있게 두고, 훌륭하게 생각한다고 해서 그것이 나한테도 좋으리라는 법은 어디에도 없습니다. 남들과 달라도 괜찮습니다.

저에게는 역사적으로 얼마나 위대한지, 예술적으로 얼마나 아름다운지, 철학적으로 어떤 의미가 있는지보다도 그것이 나를 감흥 시켰는지 혹은 그렇지 않은지가 비교도 안 되게 더 중요합니다. 외부의 압력에 굴복해 억지로 감흥 받는 척하기 싫습니다.

내 주관이 세상 모든 전문가들의 평가보다 우선된 기준입니다.

08.
하고 싶다면 어떻게든 하라

고1부터 고3까지 저는 정말 바닥만 보고 꾸준히 걸었습니다. 그중에 고2 때 뭔가 공부만으로는 채울 수 없는 결핍된 느낌이 있더라고요. 그 느낌이요. 충실히 많은 시간을 할애해서 노력하고 끈기 있게 채워가고 있지만, 어느 한쪽이 텅 빈 느낌이요.

거울을 봤습니다. 못생기고 뚱뚱한, 게다가 인상까지 쓰고 있는 한 남자 고등학생이 서 있더라고요. 다른 생각은 들지 않았어요.

'운동을 해야겠다.'

제 하루 일과를 돌아봤어요. 아침에 일어나 식사를 하고 학교에 갑니다. 학교에서 10시가 되면 집에 돌아옵니다. 그 사이 어느 시간이라도 운동을 하기 어려웠습니다.

저는 사실 타인과 신체 접촉을 하며, 치열한 경쟁을 하는 스포

츠를 좋아하진 않습니다. 구기 종목도 싫어합니다. 한다면 웨이트트레이닝을 하고 싶었습니다. 그 하고 싶은 일은 운 좋게도 제가 잘 알고 있었고요.

문제는 시간이 없어 보였습니다. 새벽밖에는 없었죠. 그래서 새벽에 갔습니다. 여기서 변명은 필요 없습니다. 하고 싶었던 일이 있었고, 시간은 새벽뿐이었고, 그래서 할 것인가, 말 것인가의 문제였습니다.

그냥 했습니다. 새벽 일찍 일어나 목욕탕이 같이 있는 헬스장에서 먼저 샤워를 하고 몸을 푼 뒤, 운동을 하고, 다시 간단히 샤워를 하고 학교에 등교를 했습니다. 그렇게 며칠 보내다 보니 행복했습니다. 제가 느꼈던 그 결핍이 채워지는 느낌이었습니다. 그렇게 저는 고3, 그 뒤 재수시절까지 이러한 패턴의 생활을 꾸준히 이어갔습니다.

결핍(缺乏) 단어의 뜻 그 자체만 풀이하자면 다음과 같습니다. 이지러질 규, 모자랄 핍입니다. 이지러지고 모자란 것입니다. 이지러지다는 것은 "[동사] 1. 한쪽 귀퉁이가 떨어져 없어지다. 2. 달 따위가 한쪽이 차지 않다."라는 뜻입니다.

공부로 제가 채워야 할 부분이 한쪽이 있었고요. 운동으로 채워야 할 부분이 또 한쪽 있었던 것이죠. 그래서 저는 공부로 얻고 배울 수 있었던 것들에 더해 운동으로 얻고 배울 수 있었던 것들까지 더했습니다.

  지금 나에게 결핍된 부분이 있다면, 그리고 그것을 발견했다면, 당장 시작하는 것이 맞습니다. 결핍을 알고도 그냥 둔다는 것은 이유를 댈 필요도 없을 정도로 어리석은 짓이라고 봅니다. 사실 많은 사람들이 꿈을 찾고, 더 나은 이상을 찾기 위해 +가 되는 부분을 바라보고만 있습니다. 어떻게 +를 ++로 만들까를 고민합니다. 저는 조금 다르게 생각합니다. +인 부분에만 집중을 하지 말고, -인 부분을 찾고 이를 0으로 만들고 +로 만들고자 하는 고민, 아니 고민도 필요 없습니다. 실천이 필요합니다.

처음 보디 프로필을 찍었던 때입니다. 사진작가님이 "좀 멋있는 척해보세요." 했던 기억이 납니다. 부끄러워 혼났습니다.

"핑계를 잘 대는 사람은 좋은 일을 거의 하나도 해내지 못한다."

_ 벤저민 프랭클린

"할 수 있냐 없냐는 중요하지 않아, 하고 싶으니까 하는 거야."

_ 오다 이치로, 『원피스』

09.
내 생명력을 강화하라

외부의 강한 자극에 대한 인간의 반응은 더 강해지게 되는 것입니다. 저는 이것이 생명력이라고 봅니다.

공부도 자극입니다. 초등학교 1학년 수학 문제를 풀고, 2학년 문제를 풀고, 3학년 문제를 풀고 이것이 이어져 대학 수학도 풀 수 있게 되지요.

운동도 자극입니다. 1kg을 들고, 2kg을 들고, 3kg을 들고 이것이 이어져 어느새 자기 체중의 2배 되는 무게도 들 수 있게 됩니다.

나 자신이 강해져야 행복할 수 있습니다. 동물로 비유하면 재미있습니다. 예를 들어봅시다. 제가 토끼라고 합시다. 언제 포식자에 잡아먹힐까 걱정에 바쁩니다. 여우도 조심해야 하고, 늑대도 조심해야 하고, 호랑이도 조심해야 합니다. 내가 하고 싶은 일을 마음 편히 못 합니다. 저는 그 걱정에서 해탈하는 것이 해결책이라고 생각 안 합니다.

내가 호랑이가 되는 것이 해결책입니다. 호랑이는 조심할 것이
없습니다. 호랑이가 되기 위해서는 외부의 강한 자극을 적극적으
로 받아들이고 성장해야 합니다. 생명력의 양적인 순환을 적극적
으로 활용해야 합니다.

병에 걸린 상황에서도 할 수 있는 일이 있습니다. 고3으로 올라
가는 겨울방학이었습니다. 이상하게 화장실에 가서 큰 볼일을 볼
때마다 아프면서 피가 나오더라고요. 처음에는 낫겠지 했습니다.
참았습니다. 버틸 만했으니까요. 시간이 흐르면 흐를수록 더 아
파졌습니다. 나중에는 배가 아픈 고통과 배변을 할 때의 그 찢어
질 듯한 고통 중 후자가 더 커져 차라리 배변을 참는 것이 낫겠
다는 생각이 들 정도였습니다. 병원에 가서 수술을 하고 입원을
했습니다.

제 생활이 한 번에 날아갔습니다. 의자에 앉아 묵묵히 문제를
풀 수도 없었고요. 헬스장에 가서 이 악물고 땀 흘리며 운동을
할 수도 없었습니다. 그때 든 생각이 있습니다.

'정말로 낫고 싶다.'

말하기 부끄러운 이야기일 수도 있지만 굳이 꺼내는 이유가 있습니다. 다 필요 없고, 내가 나를 고양시킬 수 있게 해주는 그 고통만 다시 느낄 수 있었으면 좋겠다는 생각이 들었습니다. 그러한 생각이 강렬하게 들었습니다. 나의 생명력에 대한 강한 열망을 그때 느낄 수 있었죠. 이 정신을 잊지 않겠다고 다짐했습니다. 입원이 끝나고 퇴원을 하더라도 진물이 계속 나와 힘들었습니다. 완전히 나을 때까지는 시간이 꽤 소요되었습니다. 그 아픈 당시에 제가 할 수 있는 것은 회복에 도움 될 수 있게 관리를 철저히 하는 일이었습니다. 철저히 했고, 결국 완치되었습니다.

저는 수술한 당시의 그 생각 '정말로 낫고 싶다'를 떠올리며 그 전보다 더 치열하게 제 생명력을 끌어올릴 수 있었습니다.

"나는 믿어왔고, 지금 또한 여전히 믿고 있다. 우리의 살아오는 길에 다가올 수 있는 좋거나 나쁜 운들이 무엇이든지 간에 항상 가치 있는 것으로 그것을 변형할 수 있고 의미를 부여할 수 있다는 것을."

_ 헤르만 헤세

10.
배수의 진

　그렇게 고3이 되었고, 수시 철이 되었습니다. 문과에서 내신 1등이었던 저는 당시 서울대학교 지역균형 발전 부분 수시를 넣을 수 있는 기회가 있었습니다. 고려대학교 학 교장 추천 원서도 받을 수 있었습니다. 둘 다 거절했습니다.

　사후적인 평가로 미화하는 것이 아니라 당시 생각을 말씀드리겠습니다. 그 당시로 생각해서 수시로 대학교에 입학하는 것은 저는 좀 형평성에 어긋난다고 봤습니다. 비교적 공부에 대한 집중도나 실력이 낮은 고등학교를 다녀 비교적 쉽게 내신을 얻어 특별한 기회를 얻는 것이 불공평하다는 생각이 들었습니다. 그래서 거절을 한 뒤 정시로 원하는 대학교에 입학하겠다고 마음먹었습니다. 사후적인 평가를 내리자면 바보입니다.

　아무튼, 저는 배수의 진, 도박을 했습니다. 수시라는 보험을 없애고 더 열심히 할 수 있는 환경을 만들어 노력했습니다. 위험을 감수함으로써 나태함을 없애려 했습니다. 9월이었나요, 10월이었나요. 어느 사설 모의고사에서는 국영수 과목을 모두 맞았습니다. 탐구 과목에서는 총 3문제 틀렸고요. 배수의 진을 친 결과가 여기서 나오는구나 자신감을 얻고 수능을 쳤습니다. 결과는 원하는 만큼은 아니었지만, 나쁘지 않았습니다.

저는 서울대학교 인문학부에 지원을 했습니다. 철학 공부는 아버지와 같이 조금 해봤습니다. 괜찮고 재밌었습니다. 그래서 지원을 해보았죠. 어릴 적부터 큰 꿈이었다는 둥 그런 포장은 하고 싶지 않네요.

저는 꿈에 대해서는 이렇게 생각합니다. 머릿속으로 '나는 이것이 되고 싶다.'가 꿈이 아니라 직접 해봤더니 '너무 좋다. 더 잘하고 싶다.' 하는 것이 꿈이라고 생각합니다. 머릿속으로만 그리는 꿈은 뇌내 망상입니다. 아무튼, 1차에는 합격을 했습니다. 2배수 안에는 들었다는 것이죠. 2차에서는 그럼 어땠느냐. 떨어졌습니다. 재수가 시작되었습니다.

위험(危險)이라는 단어를 풀이하면 다음과 같습니다. 위태할 위, 험할 험으로 위태롭고 험한 것입니다. 위험을 감수하는 일에 대해 저는 당연한 일이라 생각합니다.

사실, 모든 일이 위험을 감수하는 일이라고 봅니다. 아침에 눈을 떠서 화장실에서 샤워를 하는 것도 위험합니다. 미끄러져 머리라도 찧는 경우에는 큰일이 날 수 있겠죠. 초록불에 횡단보도를 건너는 일도 위험한 일입니다. 저는 실제로 재수시절, 초록불이 켜진 횡단보도를 건너다가 교통사고가 났었습니다. 이렇듯 어차피 위험을 피하려고 해서 피해지는 것이 아니라면, 최소 내가 하고 싶은 일, 해내고 싶은 일에는 겁낼 필요는 없다는 생각이 듭니다. 뛰어드는 겁니다.

"가장 큰 위험은 위험 없는 삶이다."

_ 스티븐 코비

11.
행운은 불행의 씨앗이다

바로 전에 말씀드렸다시피 수능을 앞둔 모의고사에서 저는 대박이 났습니다. 사설 모의고사라 큰 의미를 두지는 않으려 했지만, 결과를 보니, 서울대 경영학과 지원 점수보다 제 점수가 높게 책정이 되어 있었습니다.

이때, 제가 제 인생 처음으로 자만심에 빠졌습니다. '내 생에 이런 날도 오는구나.' 싶었습니다. 항상 모자라고 부족했었던지라, 숨차고 치열하게만 살았었는데 말이죠. '나는 됐다. 유지만 해서 수능 특별히 잘 볼 필요도 없이, 그대로만 보자.' 싶었습니다. 자만의 정점을 찍었습니다. 이것이 제 발목을 잡았다고 생각합니다.

우리는 흔히 행운을 바랍니다. 행운이 오면 내가 행복할 것 같습니다. 그렇지만, 제 경우를 보세요. 만약 저 때 저 모의고사에서 오히려 성적이 잘 나오지 않아서 정신을 차리게 되어 더 열심히 마무리를 할 수 있었다면 어땠을까요? 자만심과 나태함을 경계하는 태도를 그대로 유지하고 겸손했더라면 말이죠.

행운이란 건, 찾아온다면 무심하게 받아들여야 할 것이고, 찾아오지 않는다면 내가 자만심에 빠져 망할 것을 막아준다고 생각하면 좋습니다.

운 좋게 일어난 일은 내 생활의 근본을 더 좋게 만들 수는 없습니다. 흔들 수 있을 뿐입니다. 자세히 들여다보면 행운조차도 불행의 씨앗인 겁니다. 겸손함이란 이처럼 타인에게만 취해야 하는 태도가 아닙니다. 자기 자신에 대한 긍정이 과할 때 생길 수 있는 문제를 적절히 제어하기 위한 감정입니다.

"겸손함은 반짝이는 빛이다. 겸손은 정신이 지식을 받아들이고 마음이 진실을 받아들이도록 준비시킨다."

_ 마담 귀조

"세상에서 제일 쓸데없고 해로운 말이 '그만하면 잘했어'야"

_ 영화 〈위플래쉬〉(2014)

12.
내 존재는 내가 결정한다

대입에 첫 실패를 맛본 저는 펑펑 울었습니다. 부모님께 죄송했고, 억울했습니다. 열심히 했고, 많은 사람들보다 잘했다고 생각했습니다. 그렇지만 받아들이기로 했습니다. 그 당시에 제가 할 수 있었던 것은 다시 시작하는 것 말고는 없더군요. 빠르게 정신을 차리고 공부를 다시 하기로 했습니다. 지금에서야 멋있는 척하지만, 사실 정말 지질하게 많이 울었습니다.

재수학원에 들어갔습니다. 전액 장학금이었습니다. 한 달 정도를 다녀봤습니다. 나가기로 하고 혼자 공부하기로 마음먹었습니다. 학원의 일정을 따르기만 하면, 원하는 곳에 보내주겠다는 그런 장담들을 듣고 있자니, 그럼 나는 뭔가 싶더라고요. 나는 따르기만 하면 된다니… 싫었습니다. 답답했고요. 물론 운동하기도 불편한 일정이었고요. 그래서 저는 1년 동안 순전히 모든 일을 제가 주도해서 하였고, 결과가 어떻든 책임을 지기로 마음먹었습니다.

무섭지 않았다면 거짓말입니다만, 학원에 다녔더라도 무서웠던 것은 마찬가지였을 겁니다. 다를 점은 그 책임을 학원에 전가할 수 있는지 없는지입니다. 혼자 책임과 부담을 안고 도서관에 다니며 공부를 시작했습니다.

1년 동안 친구를 만난 횟수가 다섯 손가락에 꼽을 수 있습니다. 그렇게 공부를 하며 도움을 받은 분들을 떠올리자면, 인터넷 강의 선생님들입니다. 인간 대 인간으로서의 교류는 거의 없이 최대한 독립적으로 실시했습니다. 생활 패턴 또한 제가 정했습니다. 아침에 도서관에 들어가 공부를 한 뒤, 헬스장에 들러 운동을 하고 집에 돌아와 마무리 공부를 했습니다.

자유로웠습니다. 외롭지 않았다면 거짓말입니다만, 자유로웠습니다. 이 시절 제가 얻은 가장 큰 수확은 고독하게 꾸준하게 공부하면서 얻은 성적이 아닙니다. 주체성이었습니다. 주체적으로 제가 무언가를 결정하고 그 결과에 대한 책임을 지는 것입니다. 의존할 누군가도, 탓할 누군가도 없었습니다.

사르트르를 좀 빌려오고 싶습니다. 제가 선택을 함으로써 제가 완성됩니다. 인간이 사물과 다른 이유입니다. 사물을 먼저 살펴봅시다. 사물은 본질이 실존에 앞섭니다. 예를 들어, 의자가 있다고 합시다. 의자의 본질, 용도는 만들어지기 전부터 정해져 있습니다. 앉을 수 있는 그 무언가입니다. 목수는 의자를 실제로 만들기 전부터 사람이 걸터앉을 때 쓰는 기구를 만들기로 마음을 먹고 만듭니다. 어떤 재료를 쓸지, 높이나 길이는 어떻게 할지, 각도는 어떻게 할지 등 다 결정한 뒤에 만듭니다. 쉽게 말해 결정되고 그에 따라 만들어지는 무언가입니다.

반면, 인간은 그렇지 않습니다. 태어났을 때부터 이렇게 살기로 정해진 인간 같은 것은 없습니다. 살아가면서 어떻게 살지 결정해가며 만들어집니다. 정해진 것이 없습니다. 이렇듯 스스로 결정하며 만들어가는 것이 인간입니다. 결정되어 만들어지는 것이 아닌 것이죠. 나를 만드는 것도 나입니다. 게임 캐릭터는 그렇게 소중히 키우면서, 정작 본인은 왜 안 키웁니까.

"실존은 본질에 앞선다."

_ 사르트르

"당신이 인생의 주인공이기 때문이다. 그 사실을 잊지 마라. 지금까지 당신이 만들어온 의식적 그리고 무의식적 선택으로 인해 지금의 당신이 있는 것이다."

_ 바바라 홀

13.
내가 책임진다

재수하는 동안 겪었던 일입니다. 공부를 하는 와중에, 고등학교 선생님을 뵈러 찾아가고 있었습니다. 비 오는 날이었고, 밤이었습니다. 횡단보도 앞에서 신호가 바뀌기를 기다렸습니다. 꽤 크고 긴 횡단보도였습니다.

아무튼 걷고 있는데, 쿵! 하고 뭔가 스펙터클 하더니 엎드려있더군요. 피가 나고 있었고요. 그때 든 생각이 '아, 왜 이렇게 재수가 없지. 나는…'이었습니다. 그 사람 차를 타고 병원으로 갔습니다.

당시, 부모님께서 일 때문에 서울에 가고 있었습니다. 그래서 작은 외삼촌이 대신 오셨습니다. 먼저, 종합병원으로 가서 응급처치를 받았습니다. 부모님께서 더 큰 병원으로 가라고 하셔서 대학병원으로 가려던 참이었습니다. 부모님이 저를 엄청나게 걱정하시는 것이 느껴졌습니다. 그래서 과속해서 부산으로 오시다가 사고라도 나면 어쩔까 생각도 들더군요. 그래서 일단 괜찮은

척을 하기로 했습니다. 아니, 사실 버틸만했습니다. 무릎이 좀 잘 안 써지고, 팔꿈치가 아프고, 머리에서 피가 좀 나긴 했었습니다.

"작은 외삼촌, 저 너무 배가 고파서 그런데요. 저기서 국밥 한 그릇만 먹고 가지요."

"닌 지금 국밥이 입에 들어가나? 괜찮나?"

"병원 밥맛 없잖아요. 들어가기 전에 먹고 가게요."

"그래. 알았다."

그렇게 국밥 한 그릇 먹고, CT 촬영하고, 큰 이상은 없어서 종합병원에 입원을 하게 되었습니다. 누워 있다 보니 부모님께서 반은 우시면서 들어오시더군요. 슬프더라고요.

사고 낸 사람에게는 화도 났고요. 아니 무슨, 분명히 신호를 봤을 텐데, 어찌 그리 속도를 밟았는지 말이죠. 작은 외삼촌은 당시 사고를 낸 사람이 음주운전한 것은 아닌지, 차를 멈추라는 빨간 불 신호를 보고도 속도를 밟았는지 여부를 체크하시더라고요. 음주운전을 한 것은 아니었습니다. 과속을 한 것은 맞았고요. 그 차에 치인 것은 저고요.

병실에 누워있을 때는 한숨이 끊임없이 나오더라고요. '지금 내가 이러고 있을 때가 아닌데, 재수생인데 나는, 내가 뭘 그리 욕심을 냈다고 이런 사고를 당할까. 그냥 공부나 좀 하겠다는데...' 한 2주일 정도 입원을 했더니, 괜찮더라고요. 퇴원하겠다고 떼를 썼습니다. 그 당시는 뭐 보험금, 합의금 이런 것들보다도 그냥 제할 일이 더 중요했습니다. 빨리 공부를 시작해야 했고, 운동도 하체 운동 말고는 할 수 있었으니까 하겠다고 했습니다. 병원에서 안 된다고 했지만, 바로 퇴원해버렸습니다. 책임은 제가 지는 것이겠죠. 내 인생 누가 대신 살아줄 것도 아니고, 책임져줄 것도 아니잖아요. 내 삶에서 지금 당장 뭐가 중요한 일인지는 내가 판단하는 거고 책임지는 거니까요.

"성숙의 첫걸음은 자기가 책임을 지겠다는 각오를 가지고 인생을 대하는 것이다."

_ 이외수

"나를 파괴시키지 못하는 것은 무엇이든지 나를 강하게 만들 뿐이다."

_ 프레드리히 니체

14.
특별한 계기 따위는 없다.
특별한 실천만이 있다

1년 동안 자유로웠지만 외로웠던 재수에 걸쳐 다시 대학교 원서접수 기간이 왔습니다. 어디에 지원을 할까 생각해 봤습니다.

첫 번째로는 서울대학교 체육교육학과로 정했습니다. 저는 당시 운동을 굉장히 열심히 하던 시기였고, '좋구나. 계속할 만하겠구나.' 생각이 들더라고요. 솔직히 말해서 진짜로 이 일 아니면 안 되겠다거나 내 운명이고, 천명이다. 그런 것은 없었습니다. 현역 시절 지원했던 인문학부도 마찬가지입니다. 나쁘지는 않아서 지원했었습니다. 두 번째로는 한의학과에 지원하기로 했습니다. 사실 앞서 말씀드리지는 못했는데, 저는 고등학교 문과 출신이었습니다. 문과 수학만 공부했습니다. 재수 시절 뭔가 더 해보자. 그냥 같은 것들 다시 한번 더 그대로 공부하기에는 동기가 모자랄 듯싶었어요. 결심을 했지요. 그 어렵다던 이과 수학에 도전해 보기로 했습니다. 물론 단순히 그렇게 도전만 하자는 아니었습니다. 제가 그 정도로 무모하고 순수한 사람은 아닙니다. 문과생이 수학을 이과 수학을 응시했을 시에는 서울대학교에서는 가산점을 주었던 이유도 있었습니다. 물론 그 가산점이 난이도에 비해서는 비교적 낮았고, 정말로 잘 할 수 있다면 이익이 되는 그런 도박이었죠. 아무튼 이과 수학까지 했었습니다.

정리하자면, 서울대에 가기 위해 이과 수학을 응시한 문과생인 저는 지원 가능한 대학교가 서울대학교, 몇몇 한의대, 의대였습니다.

생각도 할 것이 없었어요. 가능한 곳이 저 세 곳인데 말이죠. 그래서 서울대 체육교육학과, 동신대학교 한의학과를 지원했습니다. 특별한 동기는 없었습니다. 그냥 한 것입니다. 결과는 동신대학교 한의학과에 합격했고, 이곳에 입학하게 되었습니다.

동기(動機)라는 단어를 그대로 풀이하자면, 움직일 동, 틀 기입니다. 일을 발동시키는 계기. 사람이 마음을 정하거나 행동을 일으키거나 하는 직접적인 원인 또는, 그 목적입니다.

제가 지금 생각해보면, 공부를 하거나, 운동을 하거나, 한의대에 입학을 해서 졸업을 하거나, 보디빌딩 시합에 출전을 하거나 했던 모든 일들의 시작에는 거창한 동기 따위는 없었다는 겁니다.

사소한 동기 정도는 있었겠지요. 아버지께 데카르트의 명언이 무슨 뜻인지 여쭈어봤던 일, 보디빌더를 목욕탕에서 봤던 일, 문과생이지만 이과 수학을 시험 봤던 것, 나의 복근을 구경하고 싶었던 감정 정도겠지요.

그런데 중요한 점은 이러한 동기들은 어떠한 것으로도 대체될 수 있었다는 겁니다. 동기보다 중요한 무언가는 그냥 하는 것이었습니다. 서울대를 가기 위해, 보디빌딩 시합에서 1등을 하기 위해 공부를 하고 운동을 했던 것이 아니었습니다. 저는 단지 아침에 눈을 떴을 때, 아직 공부를 할 만큼 안 했기 때문에, 운동을 할 만큼 안 했기 때문에 그 하루를 보내면서 했던 것입니다.

동기는 무엇이 되었던 상관이 없습니다. 상관이 있는 것은 얼마나 간절히 실천을 하는가입니다.

내 인생을 송두리째 바꿔줄 그런 충격적인 일은 없었습니다. 단, 한 번도요. 있었다면, 묵묵히 진행했던 해온 공부와 운동이었습니다. 그만큼 나를 충격적으로, 혁신적으로 바꾼 일은 없었습니다.

시작부터 거창한 동기나 특별한 계기를 바라는 것은 가만히 바닥에 앉아서 10억을 줍고 싶다는 생각만 하고 있는 것과 같다고 봅니다. 그런 일은 일어나지 않습니다. 10억을 벌고 싶으면 그냥 일어나서 내가 할 수 있는 일에 최선을 다하는 수밖에 없습니다.

결과적으로 10억을 벌 수 있든, 없든 바닥에 가만히 앉아있는 것보다 내 일을 충실히 수행하는 것이 그럴 수 있는 확률을 훨씬 더 높이는 일인 것만은 확실합니다.

제 신체 중 가장 마음에 드는 부위는 팔입니다. 그런데 말입니다. 사실 팔씨름은
굉장히 못합니다.

"Just do it."

_ NIKE

15.
이 순간을 사랑하는 방법

'지금쯤 되면 반복되는 것에 지겨울 수 있지 않을까?' 하실 수 있습니다. 매일매일 공부하고, 운동하고 지내다 보면 너무 지겨울 텐데, 어떻게 그것을 참을 수 있었나? 하실 수 있습니다. 저는 세상에 반복되는 것은 없다고 봅니다.

먼저 공부를 봅시다. 초등학교, 중학교, 고등학교, 재수 시절하는 공부는 실상 다 다릅니다. 고3과 재수 시절 실질적으로 보는 텍스트는 같지 않은가? 좋습니다. 그렇지만, 제 머릿속에 남는 지식과 정보, 문제를 푸는 해결 능력들은 계속 바뀌고 있습니다.

운동도 마찬가지입니다. 정말로 반복되는 것이라면, 저는 여전히 처음 운동하던 그 시절의 운동수행능력을 가지고 있어야 합니다. 현실은 그렇지 않습니다. 계속 발전하고 있는 겁니다. 나무 봉으로 스쿼트를 하던 아이가 지금은 140kg으로 스쿼트를 할 수 있습니다.

이렇듯, 정말로 반복이란 것은 없습니다. 반복이 됨으로써 차이가 이미 만들어져 버립니다. 그 차이가 워낙 미세하여 지루할 수 있겠지요. 사실 그 반복이란 것도 같은 것의 반복은 아니겠죠. 시간이 흐르면서 시시각각 나는 변화하기 마련이니까요. 그 변화된 주체가 같은 행동을 하더라도 다릅니다. 극단적으로 비교해서 오늘 한 달리기와 내일 한 달리기는 차이가 있더라도 파악하기 어렵겠죠. 같다고 느끼겠지만, 다섯 살짜리 김석욱이 하는 달리기와 스무 살짜리 김석욱이 하는 달리기는 확연히 다릅니다.

마약이나 술, 도박 같은 경우 차이가 급격합니다. 1초 단위로 기분이 바뀝니다. 물론, 마약을 하면서 내성이 길러지는 변화, 술을 마시면서 주량이 느는 변화, 도박을 하면서 도박에 대한 감각이 느는 변화 등은 있을 수 있겠지요. 그것은 공부, 운동을 하면서 겪는 느린 변화와 같은 유형입니다.

마약, 술, 도박에 빠지기 쉬운 이유는 나를 급격하게 바꿔주기 때문입니다. 저는 이러한 유형의 빠른 변화, 빠른 차이에 집중해서는 안 된다고 생각합니다. 나의 능력이나 생명력, 본질을 증진시키는 일이 아니기 때문입니다. 공부나 운동 등과 같이 느린 변화를 일으키는 것들에 집중을 해야 합니다.

그렇지만 너무 느리고 미세해서 지겨운 것이 문제입니다. 이럴 때는 내가 나 스스로를 가만히 들여다보면 됩니다. 아주 집중해서요. 집중해서 보면 변해있습니다. '본인 스스로의 심연을 들여다봐라.' 같은 문장이 힘이 있는 것은 그 이유입니다.

심연에 무언가가 내재되어 있기 때문이 아닙니다. 열심히 하고는 있지만 변하고 있지는 않은 것 같을 때, 나를 집중해서 바라보면, 급격하게 변하고 있는 것이 사실이기 때문입니다.

우리는 일주일 속에 삽니다. 월화수목금토일 중 어느 요일에 살고 있습니다. 이렇게 보면 꼭 반복되는 느낌입니다. '오늘은 월요일이네. 내일은 화요일이겠네.' 이렇게요.

그렇지만 사실 명칭만 같습니다. 월요일이라는 단어를 똑같이 쓸 뿐이지. 실상 내가 살아왔던 월요일 하나하나를 살피면 서로 전혀 상관이 없습니다. 단지 명칭만 같을 뿐입니다.

시계를 봐도 마찬가지입니다. 우리는 24시 속에 삽니다. '1시네.' 그 '1시네.'라고 말한 그 순간은 다시 반복되지 않습니다. 설령 또 1시가 오더라도 그때 지나간 그 1시와는 전혀 상관이 없습니다.

이렇듯 월화수목금토일, 24시 심지어는 월(month)/일(day)도 명칭이 반복됩니다. 인지해야 할 핵심은 단지 명칭만 같을 뿐, 실질적으로는 전혀 다른 순간순간들이라는 점입니다.

매일매일이 반복되는 것처럼 느껴지고 지루할 수 있습니다. 실상은 그렇게 느끼는 것뿐이지, 시간의 흐름 위에서 동일한 것은 이뤄질 수 없는 것입니다. 순간이 제각기 다 다릅니다. 이러한 순간들을 귀중하게 보낼 수 있었으면 좋겠다는 생각을 합니다.

이렇게 순간순간을 귀중하게 보내고 싶지만 생각만큼 잘 실천이 되지 않을 때, 유용한 생각이 있습니다.

바로 니체의 영원 회귀 사상[1]입니다.

제 방식대로 해석하자면, 이렇습니다. 이 순간이 그대로 영원히 되풀이됩니다. 음악 들으실 때 한 곡 자동 재생 해놓으시지요? 같은 곡을 영원히 반복 재생하는 겁니다. 그 곡을 우리의 삶으로 생각하시면 됩니다. 우리의 삶이 영원히 반복되는 겁니다. 그렇다면 어떻게 해야 할까요? 정말 싫어하는 곡을 영원히 반복 재생시

---

1 니체 철학에서 볼 수 있는 근본사상의 하나로 "똑같은 것이 그대로의 형태로 영원에 돌아가는 것(回歸)이 삶의 실상(實相)이다."라는 생각이다. 모든 생성(生成)을 한 원환(円環) 안에서의 되풀이로 보는 이 사상에서는 모든 점이 바로 중심점(中心點)이 되기 때문에 현재의 이 순간이 영원한 과거와 미래를 응축(凝縮)시킨 영원적 의미를 지니는 것이 되며, 이리하여 현재의 모든 순간, 현실의 이 대지(大地) 위의 삶 자체가 그대로 영원한 가치로 이어져 힘차게 긍정되어 간다는 것이다(출처: 위키백과).

켜 두고 싶으신가요? 그렇지 않으면 내 인생의 명곡, 오랫동안 들어도 질리지 않고 듣고 싶은 곡을 반복 재생시켜 두고 싶으신가요?

마찬가지입니다. 별 볼 일 없는 하찮은 인생을 영원히 자동 재생시켜두고 싶으신가요? 그렇지 않으면 스스로의 기준에서 위대하고 가치 있는 인생을 자동 재생시켜두고 싶으신가요?

저는 후자입니다. 제 삶이 가치가 있었으면 좋겠습니다. 우리는 우리의 삶을 불후의 명곡으로 만들어야만 합니다.

> "똑같은 것이 그대로의 형태로 영원에 돌아가는 것(回歸)이 삶의 실상(實相)이다."
>
> _ 프리드리히 니체

> "매 1분마다 인생을 바꿀 수 있는 기회가 찾아온다."
>
> _ 영화 〈바닐라 스카이〉(2001)

16.
패배할 것을 알고도 도전하라

저는 서울대학교 체육교육학과를 지원했었다고 앞서 말씀드렸습니다. 그 준비를 위해 체대 입시학원을 다녔고요. 초등학교 이후 처음으로 학원이라는 곳에 학원비를 내고 다녀봤습니다. 체대 준비생은 고3 시절 제 반에도 2명이 있었습니다. 하루 종일 잠만 자다가, 수능이 다가오자 공부를 좀 하던 친구들이었습니다. 물론 무시하거나 낮게 보거나 하지는 않았습니다.

다만, 저는 그들의 노고를 몰랐던 것이죠. 학원에 들어가기 전, 저는 뭐든 잘 할 수 있을 거라 생각했습니다. 공부가 워낙 힘들었기에, 이보다 몸 쓰는 일이 더 나에게 맞을 것이라고 봤거든요. 저도 웨이트트레이닝은 꾸준히 해오던 참이었으니까요. 뭣도 모르는 놈이 까분 것이죠. 첫날 원래 준비를 해오던 무리에 합류해서 운동을 했습니다. 숨이 턱까지 차오르는 느낌이 뿌듯하고 기뻤습니다. 저를 가르쳐주시던 선생님들께서도 너무 훌륭하시고 정신적인 부분에서 배울 점이 너무 많았습니다. 같이 운동을 하게 된 형님, 동생님들 다 좋았습니다.

다만, 문제는 제가 너무 못하더라는 겁니다. 다시 한번만 더 말할게요. 너무 못하더라는 겁니다. 중학생 시절 아무리 노력해도 이길 수가 없는 그 하루하루 쌓여온 내 공을 이길 수가 없었던 1등 친구가 떠올랐습니다. 아니, 그 이상이었습니다. '내가 저들보다 더 잘할 수 없겠구나.'라는 생각이 들었습니다. 생각이 아니라 확신이 들었습니다. 그렇더라도 뭐 어쩌겠습니까. 할 수 있는 데까지는 해봐야 하지 않겠습니까. 그 마음으로 최선을 다했습니다.

아직도 기억에 선합니다. 하루는 해가 뜰락 말락한 아침에 오래달리기 연습을 하러 육상 트랙이 있는 신라대학교 운동장으로 선생님과 갔습니다. 가보니 눈이 쌓여 있더군요. 저는 속으로 생각을 했습니다.

'아, 이거 눈 얼었다. 뛰면 미끄러져 다칠 수 있다. 시험 얼마 남지 않았는데, 다칠 것 같다고 말해야지.'

"형님(제 마음속으로는 선생님이라고 생각합니다만, 선생님께서 당시 나이 차이가 많지 않으니 형님이라고 부르라 하셔서 부르기는 그렇게 부릅니다.). 이거 아직 트랙이 얼어서요. 뛰다가 미끄러지면 크게 다치겠죠?"

제가 말했습니다. 그러자 선생님이 답하셨습니다.

"지금 이제 해 뜬다. 녹는다. 살살 뛰라.

"네…"

또 다른 일화는 철봉 체조를 배우러 어느 체조장이 있는 초등학교에 갔었습니다. 체조장은 실내라 춥거나, 눈이 있거나 하는 핑계를 댈 수 없습니다. 철봉에 매달려 체조를 하기 시작했습니다.

저는 턱걸이는 잘했습니다만, 철봉 체조는 못했습니다. 기반이 튼튼하다고 응용을 잘하는 것은 아닌가 봅니다. 아무튼, 하기 시작했는데, 이상하게 그 날 따라 조금 잘되는 느낌인 겁니다. 그래서 좀 더 용기를 내고 무리를 하다가 착지를 했습니다. 뭔가 느낌이 안 좋았습니다. 그러다가 손바닥이 따끔따끔하면서 따뜻하더라고요. 손바닥을 보니 손바닥 피부가 벗겨져 있더군요. 굳은살도 다 날아갔고요.

놀랐습니다. 처음 느껴보는 감각이었습니다. 저는 이번에는 확신했습니다.

'오늘 운동은 끝이다.'

이 확신과 함께 선생님께 물어봤습니다.

"선생님, 이거 다 나으려면 얼마나 걸리죠? 더 못할 것 같은데요."

그러자 선생님이 말씀하시더군요.

"손 갖고 와봐라. 보자. (보시더니) 좀 까졌네. 괘안타. 흉 안 진다."(좀 까진 정도가 아니었고, 흉터 생겼습니다.)

하시며 탄마가루를 제 손바닥에 뿌리시고 제 두 손을 잡고 막 비비시는 겁니다. 저는 벙쪘습니다.

"이제 괘안채?"

진짜 괜찮은 정도까지는 아니었지만, 참을 만했습니다. 결국 다시 훈련을 했습니다.

마지막으로 한 가지 일화만 더 소개하자면, 실기시험 당일이었습니다. 오래달리기를 하는데, 정말 처음으로 그렇게 죽기 살기로 뛰어봤습니다. 그전에 연습을 무리하게 해오던 탓에 경골에 피로골절이 있는 상태라 전날 미리 진통제를 맞고 뛰었었죠.

정말 그동안 운동회나 학교 수업 시간에 체력테스트 때 했던 달리기는 달리기가 아니었구나 하는 생각이 들더군요. 숨을 쉬는 데 피 맛이 나더라고요. 표현이 적절할지는 모르겠지만, 제가 할 수 있는 표현 안에서는 제일 가깝습니다.

뒤에 들은 이야기지만, 저희 어머니께서는 제가 달리는 모습 보면서 우셨답니다. 불쌍했답니다. 저도 제가 그 순간은 불쌍했습니다. 그런데 또 회상을 해보면 그때의 제가 참 기특합니다. 여러 일화들이 더 있지만, 이만 여기서 마무리하겠습니다.

처음 학원에서 운동을 해보고 어느 정도 무리인 것을 알게 되었습니다만, 알고도 도전했습니다. 웨이트트레이닝으로 단련해온 신체적 능력과 체대 입시를 위한 신체적 능력은 별개였던 것입니다.

그렇지만 그냥 했습니다. 실패했지만, 승리했습니다. 얻은 것이 너무 많습니다. 이때 제가 배웠던 그 숭고한 가치들은 제 신념을 강화시키고 변화, 발전시켰습니다.

> "하늘을 날고 싶은 충동을 느낄 때, 결코 땅을 기라는데 동의할 수는 없다."
>
> _ 헬렌 켈러

어머니

제 어머니는 왕년에 미인이라는 소리를 좀 들었다고 합니다. 그래서 사진을 보았는데, 썩 공감이 가지는 않았습니다. 오히려 젊었을 적보다 지금이 더 예쁘십니다. 아무튼 이 이야기를 하고 싶은 것이 아니라, 저는 제 어머니와 성격이 비슷합니다.

하루는 어머니와 운동을 가는 길이었습니다. 어머니가 열이 나며, 몸이 으슬으슬 춥다고 하셨습니다. 그러다가 도저히 안 되겠다며, 병원으로 가셨습니다.

저는 운동을 하러 갔고요. '병원에서 링거 맞고 푹 쉬시면 나아지시겠지.' 생각했습니다. 운동을 하고 있는데, 갑자기 어머니가 헬스장으로 들어오시더라고요.

"어머니, 병원 안 가셨어요?"

"주사 한 방 맞고 온 건데, 왜?"

"아프다면서요."

"그래도 할 건 해야지."

어쩜 나랑 이렇게 똑같지라는 생각이 들더라고요. 또 하루는 어머니가 병문안을 가야 할 일이 생겼다고 하시더라고요. 주변 분이 아프신가 했습니다. 나중에 알고 보니, 어머니께서 자주 가시는 옷 수선집 주인 할머니께서 아프서서 찾아가셨답니다.

저로서는 당장에 이해 가지 않았죠. 자주 찾아가는 가게라고 해서 그 가게의 사장님의 병문안까지 가는 것은 일반적이지는 않으니까요.

그 주인 할머니께서도 "아이고, 제 손님인데, 손님이 병문안까지 와주시고 이래도 되는 깁니까?" 이렇게 말씀하셨다고 합니다. 저는 어머니께 왜 그렇게까지 걱정하고 챙겨주셨냐고 물어봤습니다.

"우리 엄마 생각도 나고 그 사장님 살아온 게 너무 가슴이 아프더라. 그 사장님 딸이 일찍 죽었다. 혼자 그래 아등바등 열심히 살아가시는 모습이 너무 짠하더라."

어쩜 이렇게 고운 마음을 가지실 수 있을까요. 다른 사람의 슬프고 안 좋은 일을 외면하지 않고 건넬 수 있는 위로를 건네는 용기 있고 착한 분입니다.

저는 아직 그럴 용기가 부족합니다. 제 단점으로 인지하고 있고 고치려고 합니다. 저는 슬프고 마음 아픈 일은 최대한 외면하려 합니다. 텔레비전에서 희귀병을 앓고 있는 아이들의 고통을 도저히 못 보겠습니다. 아프리카에서 영양실조로 인해 죽어가는 아이들의 모습을 못 보겠습니다. 사고로 인해 가족 모두를 잃은 한 가장의 슬픈 얼굴을 못 보겠습니다.

제가 아직 약해서 그럽니다. 저도 강해져서 제 어머니처럼 다른 사람의 고통과 슬픔을 직시할 수 있는 그런 사람이 되려 합니다.

17.
성격도 습관이다

결국 저는 한의대에 입학하게 되었습니다. 신입생 시절 하면 가장 떠오르는 것이 많은 사람들을 만났던 것입니다. 신기했습니다. 오랜 기간 혼자 공부해왔고, 혼자 운동해왔던 저는 대화가 없는 생활에 익숙했습니다. 처음 본 많은 사람들과 대화하는 것이 새로웠습니다. 여러 선배들을 만나고 술도 많이 마시고 그랬죠.

저랑 마음이 맞는 분들도 많이 봤고, 그렇지 않은 분들도 많이 봤습니다. 처음에는 다 좋았죠. 다 잘해주시더라고요.

당시에는 몰랐던 부분인데, 당시만 해도 학교에 학술동아리가 여러 개 있었습니다. 그중 한 가지만 선택해서 들어갈 수 있었고요. 해리포터를 떠올리시면 편하겠습니다. 누구는 그리핀도르, 누구는 슬리데린 뭐 이렇게요. 선배들 입장에서는 재밌고, 좋은 신입생을 본인이 속한 동아리에 데리고 오려고 특히 잘해줘야 하는 시기였죠.

새내기배움터(OT)에서 처음 만난 선배 동아리로 들어가기로 했습니다. 당일 그 자리에서 결정했어요. 저는 좀 단순한 면이 있습니다. 잘해주셨으니까 들어갔습니다. 생리학 학술 동아리였고, 이름은 살.모.사.였습니다.

들어가고 보니 다른 동아리에 비해 선후배 간의 위계질서가 강한 편이었습니다. 강한 만큼 또 더 자주 보게 되고, 결속력이 있는 편이었습니다. 또 외향적인 사람들이 모인 집단이라는 느낌도 있고요.

솔직히 말하자면 잘 맞지 않았죠. 여러 사람을 만나며 지내는 것보다 스스로에게 집중하는 것에만 지내던 저였으니까요. 죄송하다 말씀드리고 그만둘까도 생각했습니다만, 나의 성향과 반대되는 집단에 속해있으면서 새롭게 배울 점이 더 많다는 생각이 들었습니다.

끝까지 남아있기로 마음먹고, 다사다난한 동아리 생활을 시작했습니다. 확실히 배운 점이 많았습니다. 많은 사람 앞에서 이야기를 할 줄 몰랐고, 부끄러움이 너무 많았던 제가 바뀐, 어쩌면 바뀌어야만 했던 이유가 되었습니다. 물론, 동아리 자체가 저를 바꾼 것은 아닙니다. 제가 저를 바꾼 겁니다. 모든 일이 그렇습니다. 비유가 썩 바람직하지는 않지만, 담배로 들겠습니다(저는 금연했습니다). 담배를 피우기 위해서는 담배를 물어야 합니다. 불을 붙이고, 들이마시고 내뱉어야 합니다.

마찬가지입니다. 사람이 바뀌는 것도 마찬가지입니다. 흡연을 위해서는 담배와 불같은 외부 동기가 있더라도, 제가 스스로 들이마시고 뱉어야 하는 것처럼, 동아리 활동이라는 외부 동기가 있더라도, 제가 직접 바뀌려고, 외향적으로 행동하려고 해야지 이루어집니다.

처음에는 엄청 어려웠고 실수도 너무 많이 했습니다. 한두 번 실수도 해보고, 아니 수십 번은 했을 겁니다. 해보니 뭐 괜찮더라고요. 차차 바뀌더라고요.

정말 내향적이었던 제가 혼자 있기에 익숙하던 제가 결국 나중 학교생활에서는 춤 동아리 회장, 과대표, 부과대표, 총무도 했습니다. 살모사라는 학술동아리 회장도 했습니다. 제 성향에 맞는 동아리에 들어갔더라면 절대 일어났을 리가 없는 일들이었겠지요. 유튜브를 시작하게 된 것도 마찬가지일 겁니다. 내향적인 성격을 변화시키지 못했더라면, 시작도 못 했을 겁니다.

습관(習慣)이라는 단어가 있습니다. 뜻을 그대로 풀자면 익힐 습, 버릇 관입니다. 태어나자마자 생긴 습관은 없습니다. 익히고 다시 익히고, 그러다 보면 자연스럽게 나오는 것이 습관입니다. 공부 습관, 운동 습관 만드는 법. 그런 것 없습니다. 한 번 하고, 두 번 하고, 세 번 하고, 계속 반복하면 어느샌가 습관이 되어있습니다.

성격도 바꿀 수 있습니다. 성격의 일부분은 습관입니다. 타고
난 성격을 완전 정반대로 휙 하고 뒤집을 수는 없겠지만, 많은 사
람 앞에서 부끄러워 한 마디도 못하는 내향적인 사람이 많은 사
람 앞에서 떳떳하게 열 마디, 백 마디를 할 수 있는 내향적인 사
람으로 바뀔 수는 있는 겁니다.

'나는 타고난 성격이 원래 그래. 어쩔 수 없어.'

아닙니다. 사르트르가 말했다시피 실존은 본질에 앞섭니다. 우
리들은 원래 그렇게, 그런 의도로, 그런 본질로, 그런 목표로, 그
런 용도로 만들어진 것이 아닙니다. 나아가고 싶은 곳으로 선택
해서 변화, 발전해가며 바뀔 수 있는 존재입니다. 아니. 바뀌어야
만 하는 존재입니다.

"처음에는 우리가 습관을 만들지만 그다음에는 습관이 우리를 만
든다."

_ 존 드라이든

18.
목적과 수단을 확실히 구분하라

예과 때부터 본과 1학년 때까지는 술을 많이 마셨습니다. 시험 기간이더라도 '오늘 딱 N시간 공부하고 술 마시자.' 하고 공부를 합니다. 술을 마셔야 하기 때문에, 술 마시는 시간은 지켜야 했기 때문에 N시간 동안은 공부에 집중을 합니다. 그리고는 수고했다는 의미로 술을 마십니다.

그렇다고 해서 저희 학교 한의학과 학생들 대부분이 이렇게 시험기간에 술을 퍼마시는 것은 아닙니다. 시험 난이도가 그리 쉽지는 않고, 한 과목이라도 F가 나오면 유급을 당하게 됩니다. 총점이 2.0이 넘지 않아도 유급을 당하게 되고요. 절대평가이기 때문에, 교수님께 빌어도 통하지 않습니다. 때문에 마시는 사람들은 극히 일부입니다. 문제는 마시는 사람만 마십니다. 더 큰 문제는 그 마시는 사람에 제가 속해있던 것이죠. 여기까지는 사실 봐줄 만합니다. 술 약속을 잡고, 그때까지 열심히 공부를 한 뒤 만나 술을 마십니다. 그런데 또 그 술을 얼마나 마시느냐가 문제입니다.

대게 시험기간에 술을 마시는 사람들은 취하려고 술을 마시지 않습니다. 정신을 잃으려 마십니다. 저도 그런 편입니다. 대부분 술을 마시고 기분 좋게 집에 들어온 기억이 없습니다. 정확히는 집에 들어온 기억이 없습니다. 그러다 보면 술자리에서의 기억이나 집으로 돌아오는 길의 기억 정도는 잃을 수 있는데, 이상하게 공부했던 것들까지 잃습니다. 이러한 방식은 확실히 문제입니다.

'목적'과 '수단'을 분명히 할 필요가 있습니다. 저는 당시 '목적'이 술이었고 '수단'이 공부였습니다. 공부를 했기 때문에 술을 마실 수 있었던 것이죠. 설정이 잘못되었죠. 내 생활이 잘못되어가고 있다는 것은 조금씩 느끼고 있었고요. 어머니께서도 제 건강이 걱정되어 강제로 병원에서 정밀검진을 받게 했었습니다. 물론, 간 수치상에는 문제가 없었고, 위 점막이 손상된 정도였습니다.

아무튼, 목적 설정을 잘해야 합니다. 내가 술을 더 마시고 싶어 하는 사람인지, 공부를 더 잘하고 싶어 하는 사람인지 말입니다. 저는 후자였습니다. 그렇기에 술을 끊어야 했죠. 목적을 공부 실력 향상, 성적에 두고 수단을 공부로 두는 것이 훨씬 나은 결과를 가져오더군요. 난생처음 공부로 밤을 새봤습니다. 공부하고 있는데 해가 뜨는 경험은 정말 환상적이더군요. 그 결과로 대학교에 입학한 이래로 본과 1학년 때 성적 장학금이란 것을 처음 받아봤습니다(물론 처음이자 마지막이었습니다).

사실, 사는 이유가 성적을 받기 위해서는 아니겠지요. 저는 공부도 잘하고 싶은 사람이었지만, 운동도 잘하고 싶은 사람이었습니다. 춤도 잘 추고 싶은 사람이었고, 노래도 잘 부르고 싶은 사람이었습니다. 그 외 수많은 것들을 잘하고 싶어 하는 사람이었습니다.

그렇다면, 저의 목적 설정을 어떻게 둬야 했을까요. 아주 간단했습니다. 제 삶의 목적은 더 나은, 더 좋은 사람이 되는 것이었습니다. 공부만 잘한다고 나은 사람, 좋은 사람은 절대 아닙니다. 운동만 잘한다고 그런 것도 아니 고요. 모든 것을 다 잘하지만, 남을 배려하고 위하는 태도가 모자란 사람도 나은 사람, 좋은 사람은 아니겠죠. 공부를 열심히 하는 것, 운동을 열심히 하는 것, 배려하는 마음을 갖는 것이 모든 것들이 수단인 셈이고, 더 나은 사람이 되는 것이 결국 제가 가진 삶의 목적으로 두었습니다.

"인생의 목적은 끊임없는 전진이다."

_ 니체

19.
걱정할 시간에 실천을 하라

본과 1학년 시절의 이야기입니다. 저희 학교는 본과 1학년에서 유급이 가장 많이 당한다는 이야기가 있었습니다. 실제로도 그랬었죠. 그러한 점이 신경이 많이 쓰였습니다.

시험기간이 되었을 때, 저는 대학교에 들어와 처음으로 도서관에 다녔습니다. 그전에도 종종 가본 적은 있지만, 한 번씩 갔었고, 매일 다니지는 않았지요. 아무튼, 도서관에서 공부를 진짜 열심히 했습니다. 왜냐하면, 신경이 쓰여서 신경을 쓰지 않기 위해서 공부했습니다.

어떤 말이냐 하면은, 공부를 하지 않은 상태에서는 몸은 편하겠지만, 제가 유급을 신경 쓸 수밖에 없고, 걱정할 수밖에 없습니다. 공부를 열심히 한 상태에서는 몸은 힘들겠지만, 제가 유급을 신경 안 쓸 수 있고, 걱정을 비워 낼 수 있습니다. 저는 후자를 택했습니다.

대부분의 고민은 정말로 할 필요가 없습니다. 위의 내용을 단순화해보겠습니다.

진급이 하고 싶다고 합시다. 해결책은 공부를 하면 됩니다. 그러면 고민이 덜어집니다. 그런데 놀고는 싶고 공부하기가 싫다고 합시다. 그러면 공부를 하지 않으면 됩니다. 그런데 공부를 하지 않으면 진급을 못 합니다. 또 진급은 하고 싶습니다.

순환되는 패턴이지요. 이 패턴을 끊을 곳을 정하면 됩니다. 공부를 하고 진급을 하던가, 하기 싫은 공부를 하지 않고 진급을 하지 말던가 입니다. 양자택일입니다. 선택하지 않으면 계속 고민의 순환 속에서 에너지만 소모하고 스트레스만 받습니다.

다른 예로 들어봅시다. 다이어트가 하고 싶습니다. 해결책은 운동과 식단 관리를 하면 됩니다. 그러면 다이어트가 됩니다. 그런데 운동은 하기 싫고 맛있는 음식은 먹고 싶습니다. 그러면 운동하지 말고 맛있는 음식 먹으면 됩니다. 그런데 운동을 하지 않고 맛있는 음식을 먹으면 다이어트가 안 됩니다. 또 다이어트는 하고 싶습니다. 웃기지 않나요? 사실 우리가 하는 대부분의 고민이 이런 종류입니다.

심리학자 어니 젤린스키(Ernie J. Zelinski)는 걱정에 대해 다음과 같은 연구결과를 발표했습니다.

걱정의 40%는 절대 현실로 일어나지 않고, 걱정의 30%는 이미 일어난 일에 대한 것이다. 걱정의 22%는 안 해도 그만인 사소한 것이고, 걱정의 4%는 우리가 바꿀 수 있는 것이다. 나머지 4%는 우리 힘으로도 어쩔 도리가 없는 것이다. 불과 4% 때문에 나머지 96%까지 걱정을 더 하며 사는 것이다.

위에서 제가 언급했던 사례가 우리가 바꿀 수 있는 4%의 걱정입니다. 그런데 그 4%마저도 사실 의미가 없습니다. 왜냐하면 공부를 하지 않고 진급을 할 방법은 없습니다. 운동과 식단 관리를 하지 않고 다이어트를 할 방법은 없습니다. 공부를 하거나 말거나, 운동과 다이어트를 하거나 말거나 결정을 한 뒤에 스트레스를 받지 않으면 될 일입니다.

저는 이럴 때 지금 당장 힘든 방법을 택합니다. 공부를 하는 것 힘듭니다. 운동과 다이어트를 하는 것 힘듭니다. 힘들고 어려운 길이 보통 정답인 경우가 많습니다.

"고민은 어떤 일을 시작하였기 때문에 생기기보다는 일을 할까 말까 망설이는 데에서 더 많이 생긴다. 성공하고 못 하고는 하늘에 맡겨두는 게 좋다. 모든 일은 망설이기보다는 불완전한 채로 시작하는 것이 한 걸음 앞서는 것이 된다. 재능 있는 사람이 이따금 무능하게 되는 것은 성격이 우유부단하기 때문이다. 망설이기보다는 차라리 실패를 선택하라."

_ B. 러셀

"미래에 대해 걱정하는 건 풍선껌을 씹어서 방정식을 풀겠다는 것
만큼이나 소용없는 짓이라고 했다."

_ 영화 〈어바웃 타임〉(2013)

20.
봉사의 찬란한 행복

이번에는 실패 말고 좀 다른 이야기를 해볼까 합니다. 본과 2학년 시절 저는 신입생 때 가입했었던 살.모.사라는 동아리의 회장이 되었습니다. 참, 살.모.사.의 뜻은 '살포시 모두를 사랑하자'의 줄임말입니다. 뜻이 참 좋습니다. 그리고 매년 최소 한 번씩은 외부의 지원을 받지 않고, 독립적으로 외딴섬이나 벽지로 들어가 의료봉사활동을 합니다.

보통 교수님과 학생들이 의료봉사에 드는 비용을 전적으로 부담하기에는 경제적으로 힘듭니다. 그래서 다른 동아리의 경우에는 의료봉사활동을 외부로부터 경제적인 지원을 받아서 실시하는 경우가 많습니다. 문제는 그렇게 지원을 받게 된다면, 동아리에서 실시한 의료봉사활동이 다른 정치적인 의도로 활용될 가능성이 높게 됩니다.

그런 문제점을 애초에 없애기 위해, 살.모.사.라는 동아리는 자체적으로 경제적 부담을 지면서, 의료봉사까지 합니다. 저는 이 점이 아주 매력적이었습니다. 아무튼, 제가 이러한 동아리에 회장직을 맡으면서 의료봉사활동을 주관하게 되었습니다. 준비과정에서 힘든 점이 많았지만, 결과적으로는 많은 것을 느꼈습니다. 이렇게 보니 저는 실패만 한 건 아닌 것 같네요.

두 손을 잡고 감사하다고 말씀해 주시는 어머님, 덕분에 어제 잠을 잘 잤다고 하시는 어머님, 다음에는 또 언제 오시느냐고 한 번더 오시라고 말씀하시는 어머님 등 여러 분들이 기억에 남습니다.

저는 사실 제가 저를 보기에 좀 정이 없는 면이 있고, 자기 발전에 치중한 나머지 주위를 잘 못 살피는 경향이 있다고 생각했습니다. 그런데 이러한 봉사활동을 하면서 느낀 점이 세상에는 나의 발전도 좋은 일이지만, 그 발전으로 얻은 능력을 나누는 일도 빛나는 일이라는 것입니다.

저도 제가 놀라웠습니다. 이 감정은 말로 표현하기가 굉장히 어렵습니다. 위인들의 명언으로 대체하겠습니다. 지금은 많이 모자랍니다. 그렇지만, 저는 아래의 명언들을 충실히 공감하고자 앞으로 노력할 것입니다.

"우리는 일로써 생계를 유지하지만, 나눔으로 인생을 만들어나간다."

_ 윈스턴 처칠

"보상을 구하지 않는 봉사는 남을 행복하게 할 뿐 아니라, 우리 자신도 행복하게 한다."

_ 마하트마 간디

제가 공중보건의사 생활을 하던 시절입니다. 유독 눈에 밟히는 한 할머니가 계셨습니다. 연세가 90 정도 되셨는데요. 정말 대단하신 분이었습니다. 한쪽 신장을 가족도 아닌 남에게 기부하셨고 오히려 기부하였기 때문에 더 오래 건강하게 살고 있다고 생각하셨습니다. 물건을 구매할 때도 은행에서 지폐를 새것으로 바꾸어 지불하십니다. 받는 사람이 기분 좋기를 바라는 마음에서 그렇게 하신다고 합니다. 택시를 탈 때는 기사님을 위해 커피값을 조금 더 보태어 낸다고 하시고요. 독거노인을 위한 지원금 또한 오랜 기간 받지 않으셨다고 합니다. 이유는 나보다 더 힘든 사람을 도와달라는 것이 그 이유였습니다. 그 외에도 세상에 이런 사람이 있구나 하는 느낌을 주는 사례들이 많았습니다.

아무튼 어느 날은 이 어머님께서 식사하기가 너무 힘들어 요즘 점점 야위어 간다고 저한테 말씀을 하셨습니다. 저는 감명 받고 배운 것을 보답할 기회가 왔다고 생각하고 한약을 지어드렸습니다. 그 후로 식사를 잘하게 되었다는 연락을 받고 참 기분이 좋앗습니다.

기분이 좋아서 더 기분이 좋아졌습니다. 통장은 얇아졌지만 마음이 두꺼워졌습니다. 돈보다는 사람을 더 중요하게 생각한다는 사실에 얼마나 뿌듯했는지 모릅니다.

삶의 마지막 순간을 상상해보면 내가 어떤 가치를 더 중요시하는지 가늠이 갑니다. 죽기 직전에 내 통장에 많은 돈이 있다는 사실에 감사할 것인지, 내 마음속에 많은 사람을 도왔다는 사실에 감사할 것인지 말입니다.

"남을 행복하게 하는 것은 향수를 뿌리는 것과 같다. 뿌리는 자에게도 그 향이 묻어나기 때문이다."

_ 『탈무드』

"오늘 내가 나무 그늘에 앉아 쉴 수 있는 것은, 다른 누군가가 오래전에 나무를 심었기 때문입니다."

_ 워런 버핏

"남을 위한 인생을 살 때, 가장 감동적인 인생이 되는 것을 나는 발견하였다."

_ 헬렌 켈러

"천국에 들어가려면 두 가지 질문에 답해야 한다는군. 하나는 인생에서 기쁨을 찾았는가? 다른 하나는 당신의 인생이 다른 사람들을 기쁘게 해주었는가?"

_ 영화 〈버킷 리스트 - 죽기 전에 꼭 하고 싶은 것들〉(2007)

21.
자기신뢰의 중요성

본과 2학년 때 저는 처음 보디빌딩 시합에 출전했습니다. 시합 출전을 결심한 날, 따분했습니다. 뭔가 필요했습니다. 평상시 보디빌딩 시합에 나가보고 싶기도 했고 그 자리에서 결정했습니다. 무슨 일이 있어도 출전해야겠다. 마음을 먹고 신청서를 제출했습니다. 제 특성 중 하나인데, 가족, 주변 사람과 상의 없이 일단 결정을 하고 실천을 한다는 겁니다.

부모님이 반대하셨습니다. 이유는 단 하나였습니다. 보디빌딩이라는 종목의 경쟁 세계에 편입되는 순간, 경쟁심에 눈이 멀어 불법적으로 스테로이드와 같은 약물을 사용할 것이라는 이유였습니다.

저는 그렇지 않다고 말씀드렸습니다. 부모님은 말씀하셨습니다. "그건 니 의지로 되는 것이 아니다. 니가 컨트롤할 수 없는 부분이다."라고요. 저는 다시 말했습니다. "절대로 그럴 일 없습니다."라고요.

몇 차례 언쟁이 오가고 어머니께서는 결국 제 편을 드셨습니다. 이렇게까지 말하는데 믿어주자고요. 아버지는 끝까지 반대하셨습니다. 결국 아버지의 동의를 구하지 못했습니다.

그렇다고 해서 제가 시합 출전을 포기했을까요? 아뇨. "아버지가 반대하시더라도 저는 합니다."라고 말했고 그렇게 했습니다.

재밌는 점은 나중에는 누구보다 저를 적극적으로 지원해주신 분이 제 아버지라는 점입니다. 물론 스테로이드와 같은 불법적인 약물에 노출될 수 있는 것에 부모님께서 걱정하는 것을 이해 못 했던 것은 아닙니다. 이해는 갑니다만, 저는 저 스스로에 확신이 있었습니다. 절대로 그런 짓은 하지 않는다는 확신이요.

저는 내가 한 운동의 강도만큼, 내가 관리한 식단만큼 결과가 나오는 것이나 그보다 덜한 결과가 나오더라도 충분히 받아들일 준비가 되어 있었거든요. 물론, 다른 사람이 저보다 몸이 훨씬 좋고, 등수가 더 높으면 속상할 수 있겠죠. 그런 속상함까지도 온전히 받아들여 나의 발전의 동기로 쓸 준비가 되어있음에 확신하고 있었습니다.

무슨 일을 할 때에 다른 사람들이 보내는 믿음, 예를 들면 '넌 꼭 해낼 수 있을 거야', '친구야. 나는 너를 믿는다. 할 수 있다. 파이팅!' 감사하고 또 감사합니다. 다만, 필요는 없습니다. 다른 사람의 나에 대한 믿음은 내가 어떠한 일을 할 때 별 영향이 없습니다. 누군가가 나를 신뢰하고 응원한다고 해서 그 일을 내가 더 잘하게 되지는 않습니다. 가장 중요한 것은 '내가 나를 진실로 믿는가. 정말 내가 원하는 일을 아는가'입니다.

옆에 사진은 보정이 이루어진 사진입니다. 저는 실제로 키가 작은 편인데, 사진 속 제 모습은 키가 커보입니다. 어색합니다.

"내가 해야 할 일은 모두 내게 관계된 것이지, 다른 사람이 내가 해야 한다고 생각하는 일이 아니다."

_ 랠프 월도 에머슨, 『자기신뢰』

22.
좋은 사회에 대한 염원

한 번만 더 실패 말고 다른 이야기를 해볼게요. 본과 3학년 시절의 일입니다. 저는 과대표 역할을 수행했습니다. 그럼으로써 100만 원이라는 수고비를 받게 되었지요. 제가 예전부터 생각해 오던 일이 있었습니다. 가장 돈이 모자라고, 가난한 시절에 100만 원을 어떻게든 모아 보육원에 기부하는 일이었습니다. 사실 금액을 딱 정해놓진 않았지만, 그 정도로 생각했었습니다. 혹시, 집안이 경제적으로 잘 사는 집안 아닌가? 궁금해하실 수 있겠습니다. 당시 제 상황을 말씀드리자면, 썩 경제적으로 풍족하지는 않았습니다. 자세한 이야기는 직접 만나게 되면 소주 한잔하면서 말씀드리겠습니다.

아무튼, 그러한 상황에서 100만 원은 제가 가진 어떤 문제도 해결할 수 없는 문제였습니다. 지속적인 수입원이 되는 것이었다면 모르겠지만, 아니었고요. 어디 쓸지 고민했습니다. '술을 마실까, 옷을 살까, 여행을 갈까.' 고민을 했습니다. 모두 언제든 할 수 있는 일들이더라고요. 술은 언제든 마실 수 있고요. 옷도 언제든 살 수 있습니다. 여행도 그렇고요.

기부는 그렇지 않았어요. '가장 힘들 때 기부를 할 수 있으면, 그보다 상황이 나아진 뒤에 하는 기부는 더 쉽지 않을까?' 생각이 들었습니다. 보통 반대로 생각하잖아요. '내 상황이 지금은 너무 어렵다. 좀 더 나아지게 되면 기부를 할 것이다.' 이렇게요. 그래놓고 안 하는 경우가 태반 아닙니까?

그러면 나는 거꾸로 해야겠다. '내 상황이 지금은 너무 어렵다. 이때 해야겠다. 그러면 좀 더 나아지게 되더라도 기부를 할 것이다.' 이렇게요. 당연히 부모님께서도 흔쾌히 동의하셨습니다. 그렇게 다짐을 하고 보육원으로 버스를 타고 저벅저벅 걸어갔습니다. 직원분들과 상담을 했습니다.

"제가 예전부터 고아원에 기부를 하고 싶었습니다. 오늘 여기서 당장 100만 원을 기부하려 합니다. 어떻게 하면 좋을까요? 정당한 방법으로 벌었습니다."

"요즘은 고아원이라고 부르기보다 보육원이라고 부릅니다. 부모가 실제로 없는 아이들은 드물고요. 가정폭력이나 다른 이유로 이곳에서 생활하는 아이들이 많거든요.

일반적인 생각과는 다르게 아이들이 가장 힘들어하는 것이 혼자 남겨지는 것입니다. 혼자 있는 시간이 많을 것 같아 익숙해할 것 같지만, 아이들은 실제로 단체생활에 익숙해져 있습니다. 나이가 되어 독립할 시기가 되어 혼자 살게 될 때를 가장 두려워합니다. 저희는 지금 독립하기 전에 미리 홀로 살아갈 수 있게 도움을 줄 수 있는 모델하우스를 건설하고자 합니다. 이 일에 기부를 해주신다면 정말로 큰 도움이 될 것 같습니다."

"네. 알겠습니다. 그렇게 하겠습니다."

이렇게 100만 원을 기부를 하고 나왔습니다. 물통 하나 주시더라고요. 아무튼 정말 심장이 터질 것 같더라고요. 제 생에 그렇게 큰돈을 한 번에, 순식간에 써본 적은 처음이었습니다. 앞으로도 몇 번이나 더 있을까 싶습니다.

나오면서 드는 생각은 이랬습니다. '와, 나 멋지다.' 그 뒤로 생각을 좀 해봤습니다. 정말로 좋은 사회가 왔으면 좋겠다는 생각이 들더라고요. 이 사회를 살아가는 사람들이 너무도 훌륭하고 존경스러운 분들로 가득 차 있는 세상이요. 구체적인 예로 들면요. 상상의 나래를 펼쳐볼게요. '제 옆집에는 마하트마 간디 같은 분이 사십니다. 물론 집에 들어오시는 것을 본 적은 거의 없지만요. 제 윗집에는 소크라테스 같은 분이 사십니다. 제 아래층에는 김

연아 선수님 같은 분이 살고 계십니다. 엘리베이터에서 종종 마주칩니다. 인사만 해도 영광스럽고 뿌듯합니다.' 환상적이지 않나요? 유토피아가 정말 따로 없다고 생각합니다. 그런 사회를 위해서 제가 할 수 있는 일은 정해져 있었습니다. 그냥 제가 좋은 사람이 되는 겁니다.

"마을의 착한 사람들은 좋아하고 마을의 나쁜 사람들은 미워하는 사람이 바로 좋은 사람이다."

_ 공자

23.
환경이 영향을 줄 수는 있다.
그러나 결정은 내가 한다

　본과 3학년 1학기에 전국 대학생 보디빌딩 시합을 준비하던 시절 이야기를 해볼까 합니다. 사실 매번 시합을 준비할 때마다 공통적으로 겪는 느낌입니다만, 이 당시가 가장 환경적으로는 벅찼습니다.

　당시를 설명하면 이렇습니다. 보통 오전 9시부터 수업이 시작됩니다. 12시나 1시쯤 점심시간이 1시간이 있고요. 다시 6시 정도까지 수업을 합니다. 그리고 7시까지는 저녁시간입니다. 그 뒤 밤 10시 길게는 12시까지 학번 동기들과의 회의가 있었습니다. 의논할 사항이 있었거든요. 한 달이 넘게 지속되었죠. 정말로 꽉 찬 하루였습니다. 이때 저는 6시에 일어나서 운동을 갔다 와서 아침을 먹었습니다. 그리고 점심시간에는 점심을 거르고 잠을 잤습니다. 다시 수업을 하고 저녁시간이 되면 그때 운동을 하러 갔습니다. 다시 돌아와 회의를 했고요. 지금 생각해보면 어떻게 했나 싶습니다.

그렇게 시간을 보내면 친구들과 멀어집니다. 주말이라도 같이 밥 먹고, 커피 마시며 이야기 나누고 하면 좋을 터인데, 시합을 준비해본 분이라면 아실 겁니다. 일단, 같이 밥을 못 먹습니다. 일반식을 해서는 시합에 적합한 몸을 만들기가 거의 불가능하거든요. 닭가슴살과 고구마, 적정량의 견과류, 약간의 반찬 등을 섭취하고, 운동 강도는 최대한 높입니다. 이 상태의 지속이 보디빌딩 시합 준비입니다.

사실 이것만 한다면 제 기준으로는 할 만합니다. 그렇게 힘들지는 않습니다. 그런데 수업과 회의까지 더해지니 지치더라고요. 모든 일정이 끝나고 집에 돌아와 씻고 잠자리에 누우면 웃음이 납니다. '아, 살았다.'

힘든 점만 있는 것은 아닙니다. 좋은 점도 많아요. 새벽에 일어나서 운동을 하러 나가면 공기가 다릅니다. 새벽 공기의 그 느낌은 환상적입니다. 자고 일어났는데도, 밖에 달이 보일 때가 있습니다. 기분이 묘합니다. 정말 아름답습니다. 대회 준비 기간이 아니면 못 느낄 감정입니다.

환경(環境)이라는 단어는 고리 환, 경계나 장소, 상태를 나타내는 경의 합성어입니다. 나를 중심으로 둘러싸고 있는 어떤 경계나 장소, 상태의 고리인 셈입니다.

이것이 좋을 수도 나쁠 수도 있겠죠. 내가 나아가려는 방향으로 가게끔 도와줄 수도 있고, 나아가기 힘들게 막을 수도 있습니다.

역풍이든 순풍이든 내가 원하는 데로 활용할 수 있어야 합니다. 연은 역풍이 불어야 그 바람을 타고납니다. 배는 순풍이 불면 원하는 방향으로 쉽게 갈 수 있습니다.

이처럼 역풍, 내가 이루고자 하는 바를 방해하는 환경적 요소가 있더라도 이를 이용하여 더 높은 곳으로 올라갈 수 있습니다. 순풍, 내가 이루고자 하는 바를 돕는 환경적 요소가 있으면 이를 이용해 더 수월하게 갈 수 있습니다.

어느 쪽이든 좋습니다. 환경이 나에게 어떤 영향을 끼칠 수 없다는 것이 아닙니다. 어떤 영향을 끼치든 내가 원하는 일은 내가 할 수 있다는 것입니다.

역풍이 불어서, 환경이 좋지 못해서 포기해버리는 사람은 실패조차 못 합니다. 이러한 사람들은 설령 순풍이 불더라도 나아갈 생각을 하지 못 합니다. 환경이 어떻든 도전하고 노력하지 않는 사람은 실패조차 못 합니다. 실패도 못 하는 인생을 사는 것입니다.

사진 상 제 오른쪽에 계신 분과 잠시 대화를 나눈 적이 있습니다. 약대에 재학 중이라고 하시더라고요. 그때 다시 한번 느꼈습니다. 세상에 대단한 사람은 많구나. 그들과 같은 부류이고 싶고, 그들과 함께 높아지고 싶었습니다.

"집안이 나쁘다고 탓하지 말라.

나는 아홉 살 때 아버지를 잃고 마을에서 쫓겨났다.

가난하다고 말하지 말라.

나는 들쥐를 잡아먹으며 연명했고,

목숨을 건 전쟁이 내 직업이고 내 일이었다.

작은 나라에서 태어났다고 말하지 말라.

그림자 말고는 친구도 없고 병사로만 10만.

백성은 어린애, 노인까지 합쳐 2백만도 되지 않았다.

배운 게 없다고 힘이 없다고 탓하지 말라.

나는 내 이름도 쓸 줄 몰랐으나

남의 말에 귀 기울이면서

현명해지는 법을 배웠다.

너무 막막하다고,

그래서 포기해야겠다고 말하지 말라.

나는 목에 칼을 쓰고도 탈출했고,

뺨에 화살을 맞고 죽었다 살아나기도 했다.

적은 밖에 있는 것이 아니라 내 안에 있었다.

나는 내게 거추장스러운 것은 깡그리 쓸어버렸다.

나를 극복하는 그 순간 나는 칭기즈칸이 되었다.”

_ 칭기즈칸

24.
친구를 서운하게 할 정도의 자기집중은
결국 더 큰 의미의 선(善)이다

내가 원하는 바에 집중하고 헌신하게 되면 생기는 문제가 하나 있습니다. 이 전에 살짝 언급하긴 했는데, 인간관계 부분에서 전과 같지 못하여 생기는 주변 사람들의 서운함입니다. 같이 보내는 시간이 없어지기 때문에 그런 일은 일어날 수밖에 없겠죠.

저 또한 그랬습니다. 오죽하면 별명이 고인(故人)일 정도였습니다. 있는 듯, 없는 듯했습니다. 솔직히 누군가와 말을 할 기운이 없었습니다. 그전까지만 해도 매일같이 밥을 먹고, 술도 한 잔씩 같이 하던 친구들, 그런 친구들과 함께 하던 모든 일들을 한 순간에 싹둑 하고 끊은 것이니까요.

그래요. 아주 친한 친구까지는 어떻게 넘어갈 수 있을 것 같아요. 이해해 줄 수 있으리라 믿으니까요. 그런데 선배님들이나 교수님들과의 식사 자리는 어떻게 해야 할까요. 그래도 해야 합니다.

자아 존중감(Self esteem)을 갖는 것은 절대로 이기적(Selfish)인 것이 아닙니다. 저는 말씀드렸습니다.

"형, 저 식사는 따로 같이 못 합니다. 제가 중요하게 하고 있는 일이 있습니다."

"교수님, 식사는 같이하기 힘들 것 같습니다. 신경 써주셔서 말씀 꺼내셨는데 죄송합니다. 중요하게 준비하고 있는 일이 있어서요. 그 일이 끝나게 되면 기회가 되어서 꼭 같이 식사할 수 있었으면 좋겠습니다."

이렇게요. 사실 살아가는 데 있어서 누구보다 내 인생을 사랑하고 귀하게 여기는 존재는 본인입니다. 아무리 주변 사람이 나에게 행세하는 영향력이 강하다고 하더라도 말입니다. 가장 가까운 부모님보다 그렇습니다.

괜찮습니다. 솔직히 말해서, 제 주변 사람들은 저랑 밥 한 끼 같이 안 하더라도, 술 한 잔 같이 안 하더라도, 대화 자체를 안 하더라도 괜찮습니다. 아무 문제가 없습니다. 그런데 저는 어떻습니까? 보디빌딩 시합을 준비하는 데 있어서, 주변 사람들과 밥 한 끼 같이하고, 술 한잔 같이하고, 휴식이 필요할 때에 대화를 오랫동안 하면 안 괜찮습니다.

생각보다 '나' 자신이 주변 사람들에게 미치는 영향력은 결정적이지 않습니다. 걱정하지 않으셔도 됩니다.

오히려 역으로 한번 생각해보시는 것이 좋습니다. 예를 들어, 나랑 가장 친한 친구가 정말 하고 싶은 일이 생겼다며 연락이 뜸해졌다고 합시다. 저로서는 서운할 수 있겠죠. 참 정도 없는 친구다. 어찌 이렇게 연락을 끊을 수가 있을까. 나까지 피할 필요는 없지 않은가. 하는 생각들이 들겠죠.

그러다가 시간이 흘러 그 친구가 무언가를 아주 멋지고 훌륭하게 해냈다고 합시다. 그런 뒤에 다시 만나서 이야기를 나누겠지요.

"친구야, 어떻게 지냈길래 그동안 연락도 없이 그랬어. 서운하다. 그렇지만 그보다 먼저 그 일을 해낸 것은 너무 축하한다."

"정말 미친 듯이 했었어. 말 그대로, 정말로 하루에 눈이 떠져 있는 시간이면 그 일에만 매달렸었어. 그렇다고 니 생각이 나지 않은 것은 아니야."

이러면 느낌이 어떨까요? 막 무언가가 샘솟는 느낌 아시나요? 그런 느낌이 듭니다. 본과 4학년 여름방학이었을 겁니다. 그때 고등학교 3학년 같은 반 친구를 만났습니다. 저 때문에 항상 2등이었다며 억울했다고 하더군요. 전교 등수는 2등까지 했는데, 왜 반에서도 2등이 되어야 하냐고 말이죠.

아무튼 그 친구가 당시 CPA(공인회계사) 2차 시험을 치르고 결과를 기다리고 있는 상태였습니다. 저는 물어봤습니다.

"그거 어렵다던데, 니 우째 살았노? 하루 일과가 우째 됐었노?"

"뭐, 똑같지. 아침에 일어나가지고 도서관 가서 살다가 밤에 돌아오는 거지."

"와따, 힘들게도 살았네. 고생했다. 인마. 진짜로 좋은 결과 있었으면 좋겠다."

"그래 내도 그렇다. 근데 공부 마치고 돌아오는 길에 PC방을 몇 번인가 갔었는데, 그게 너무 스스로가 한심하고 아쉽다."

그 친구가 CPA(공인회계사)준비를 1년 반 정도 했던 걸로 기억합니다. 다른 것 아무것도 안 하고, 공부만 하다가 그 몇 번 PC방 가서 게임한 것이 시험이 모두 끝난 뒤에도 마음에 걸린다고 말하더라고요. 제 가슴이 막 뛰더군요.

'멋있다.'

그런 겁니다. 역으로 생각해보면 이렇게 자기 자신에게 집중하는 일이 얼마나 좋은 일인지 알 수 있습니다. 주변 사람들에게 잠깐 서운한 감정이 들게 할 수는 있지만, 궁극적으로는 삶에 있어혁신적인 발전 계기를 만들어 줄 수도 있습니다. 자기를 진정으로 존중하기 위해 자기 자신에게 집중하는 일은 주변 사람에게어떤 영감을 불러일으키는 겁니다. 이러한 영감은 살아가면서 몇번 오지 않습니다. 진정으로 발전적인 방향으로 고쳐시킬 수 있는 겁니다.

결과적으로 보면, 최고의 일입니다. 나를 사랑해서 나를 더 나은 사람으로 만들 수 있을 뿐만 아니라, 나의 주변 사람까지도 더나은 사람으로 만들 수 있는 일입니다.

인간관계가 중요하지 않다고 말하는 것이 아닙니다. 가볍고 형식적이지 않은 무겁고 진심 어린 인간관계가 중요하다고 말하는것입니다.

"내가 바르다고 생각하는 대로 내 삶을 사는 것. 그건 이기적인 것이 아닙니다. 내가 바르다고 생각하는 대로 남에게 살도록 요구하는 것. 그것이 이기적인 것입니다."

_ 앤소니 드 멜로, 『깨어나십시오』

"자신이 해야 할 일을 결정하는 사람은 세상에서 단 한 사람, 오직 나 자신뿐이다."

_ 오손 웰스

25.
진정한 자유란

본과 4학년 때 국가고시를 앞두고 어머니와 아버지와 식사를 하면서 나온 이야기입니다.

어머니: "니는 좀 강박증이 심하다. 스스로를 좀 놔주려고 해라. 공부만 해도 벅찰 텐데 그래 운동까지 해갖고 우짜노. 그렇게 속박시키고, 강제 시키면은 불행하다."

아버지: "그래, 맞다. 너무 신경을 많이 쓴다. 고생을 뭔 그래 사서 하노. 맛있는 것도 좀 챙겨 묵고 그래 해라. 그거 정신병이다."

나: "좋아서 하는 건데요. 저는 지금 이럴 때가 제일 자유롭고 행복합니다."

자유와 강박에 대해서 이야기해보고 싶습니다. 공부를 하거나, 운동을 하다 보면 '내가 자유롭지 못한가? 공부와 운동에 너무 구속되어 있나? 내가 이것들을 잡고 있는 것인가, 이것들이 나를 잡고 있는 것인가.' 하는 의문에 사로잡힐 때가 있습니다. 저도 자주 든 의문이기도 하고요.

그래서 일부러 공부를 안 해보려고도 해보았고, 운동을 안 해보려고도 해보았습니다. 결과는 실패했습니다. 그렇다고 해서 '아, 내가 공부, 운동에 갇혀있구나. 벗어날 수 없구나. 자유롭지 못하다.'고 결론을 내릴 수는 없었습니다. 솔직히 그렇게 생각하고 있지도 않았고요. 왜냐하면 공부, 운동은 하면 힘들거든요. 그것들은 내가 의식적으로 힘을 내서 해내는 것들이지, 무의식적으로 이끌려 가서 내가 하게 되는 것들은 아니거든요. 반대로 봅시다.

마약, 도박은 다릅니다. 이것들은 내가 의식적으로 힘을 내서 하는 것들이 아닙니다. 무의식적인 욕망에 이끌려서 하게 되는 겁니다. 내가 노예가 되는 일들입니다.

정리하자면, 공부나 운동과 같은 것들은 내가 주인이 되어서 하는 일들입니다. 반대로 마약, 도박 같은 것들은 내가 노예가 되어서 하게 되는 일들입니다.

어떻게 다를까요? 진보와 퇴보의 기준에서 보면 좋습니다. 공부나 운동을 하면 진보하게 됩니다. 어제보다 더 나은 내가 됩니다. 마약이나 도박을 하게 되면 퇴보하게 됩니다. 어제보다 더 별로인 내가 됩니다.

인간은 본능적으로 정체를 거부합니다. 진보든 퇴보든 해야 합니다. 진보는 자유롭고 주인이 되는 일이고, 퇴보는 속박되고 노예가 되는 일입니다.

저 나름의 이유를 제시해보겠습니다. 예를 들어, 제가 몸을 만들고 싶어 한다고 합시다. 그렇다면 몸을 만드는 것이 제 목표라 보면 되겠죠. 운동도 열심히 해야겠고, 식사도 관리해서 해야겠지요. 힘듭니다. 둘 다 힘듭니다. 운동을 하면 숨이 차고 아픕니다. 식사를 관리하자니 맛있는 빵이 먹고 싶고, 튀김이 먹고 싶습니다. 힘드니까 운동을 하지 않고, 누워있는 것이 자유일까요? 맛있는 빵과 튀김, 햄버거, 피자를 실컷 먹는 것이 자유일까요? 아니요. 이것들은 내가 내 욕망의 노예가 된 일이죠. 자유가 아니라 속박입니다. 욕망에 패배했고 속박된 것입니다. 반면, 나 자신의 목표와 발전을 향해 운동이 하기 싫더라도 체육관에 가서 숨이 차고 아프게 하고, 기름진 음식이 먹고 싶더라도 참고 닭가슴살과 고구마를 먹었다고 합시다. 이것은 내 욕망을 노예로 만든 것이지요. 욕망에 승리했고 컨트롤한 것입니다. 주인된 일이기에 이것이 진정한 자유입니다.

자유(自由)는 스스로 자, 말미암을 유입니다. '외부적인 구속이 나 무엇에 얽매이지 아니하고 자기 마음대로 할 수 있는 상태'가 사전적인 의미입니다. 내 마음대로 하는 것입니다. 보면, 몸을 만 드는 것이 내 마음이 하고 싶은 일입니다. 이 일을 위해서 내가 운동을 할 수 있고, 식단 관리를 할 수 있는 것이 자유입니다.

그냥 퍼질러 누워있고, 기름진 음식 쑤셔 넣는 게 자유가 아닙 니다. '나는 누워있지 않으면 안 돼. 기름진 음식 없이는 못 살아.' 라는 나태함과 포만감의 노예입니다. 의존하고 복종하고 있는 겁 니다.

그것들을 패배시키고 굴복시켜 내 마음대로 내 뜻대로 행동을 할 수 있는 것이 진정한 자유입니다. 그런 의미에서 내 목표와 이 상에 가깝게 해주는 운동과 공부를 하지 않을 수 없는 강박은 자유입니다.

자유란 것은 어렵습니다. 하루하루 본인의 욕망과 나태함을 굴 복시키고 이상과 목표를 추구하는 일이 자유입니다. 노숙자처럼 욕망과 나태함에 복종하고 이상과 목표를 버리는 것이 자유가 아 닙니다.

사실 저 책은 상당히 두껍고 무겁습니다. 위태로웠습니다.

"그렇다면 자유란 무엇이란 말인가! 자기 책임에의 의지를 갖는다
는 것."

_ 프리드리히 니체

26.
이것만 끝나면 정말 행복할 텐데. 과연?

어린 시절부터 해오던 생각입니다. 아, 초등학교만 졸업하고 중학생이 된다면 나는 지금 이 문제에서 벗어나 행복할 텐데, 수능만 끝난다면, 대학교에만 입학한다면 행복할 텐데, 대학교 졸업만 한다면, 취직만 한다면, 행복할 텐데.

국가고시를 끝내고 난 뒤 저는 확신이 생겼습니다. 삶에 있어 문제는 끊이지 않는다는 것입니다. 그리고 그 문제는 사실 삶의 원동력이라고 말입니다. 사실 모든 문제들은 살펴보면 더 치열하고 열심히 살아야 할 이유입니다.

국가고시를 합격만 한다면 더 이상 내면의 갈등이 없을 것이다. 진짜 아무것도 더 바라지 않을 테니 합격만 되었으면 좋겠다는 마음에 하루하루를 보냈죠. 그렇지만 합격한 뒤에도 여전히 제가 해결해야할 삶의 문제는 남아있더라고요. 그 문제들이 있기 때문에, 열심히 살아가게 됩니다.

시험 스트레스가 너무 심하다면 공부를 더 열심히 해야 할 이유겠습니다. 살이 쪄서 스트레스가 심하다면 다이어트와 운동을 더 열심히 해야 할 이유겠죠. 빚이 너무 많다면, 근면성실하게 살아야 할 이유겠죠.

역으로 생각해보세요. 성적이 너무 좋다면, 공부할 이유가 아니게 되겠죠? 몸짱이라면 운동을 열심히 할 이유가 아니겠죠? 돈이 너무 많아 쓸 곳이 없는 상황이라면 근면성실하게 일할 이유가 하나 사라지는 것이겠죠.

우리가 당면한 문제, 과제들은 오히려 어떻게 살아야 할지를 알려주는 좋은 지표입니다. 이 사실을 깨닫게 된 이후로 다음과 같은 생각을 하지 않게 되었습니다. 결혼만 한다면, 가정만 생긴다면, 아이가 다 자란다면, 아이가 결혼을 한다면, 손주가 생긴다면 나는 행복할 텐데….

'지금 갖고 있는 이 문제 덕분에 내가 오늘도 열심히 살맛이 나는구나.' 하며 웃고 일어섭니다.

27.
시련을 선택하기

공중보건의사는 병역의무 대신 3년 동안 농어촌 등 보건의료 취약지구에서 공중보건 업무에 종사하게 됩니다. 그전에 4주간의 훈련소 생활을 수료해야 합니다.

다들 최소 6년의 학교생활을 하고 온 분들이고 30대이신 분들도 계시고, 자녀가 있으신 분들도 계십니다. 중대장님보다 나이가 많은 분들도 계셨죠.

중대장님은 이번 공중보건의 훈련을 위한 회의 중 조교들에게 다음과 같이 말했다고 합니다. 통계상 이번 훈련생들은 일반적인 다른 훈련생들에 비해 체력이 매우 낮고 약하니, 고려하여 훈련을 실시해야 한다고 이야기를 해뒀다며 웃으며 말씀하셨습니다.

공감이 갑니다. 앉아서 공부하는 시간이 비교적 많은 사람들이니 체력이 많이 떨어져 있기 마련이겠죠. 나이도 다른 훈련생들에 비해 더 많고요.

훈련소에 있으면서 할 수 있는 선택은 크게 두 가지입니다. 최선을 다해 열심히 하거나, 최선을 다해 피해 가거나. 저는 전자를 택했습니다. 행군을 예로 들어도, 완전군장으로 제대로 맬지, 부분적으로 맬지, 매지 않을지 선택할 수 있었습니다. 대부분 매지 않았습니다. 체력검정 때 오래달리기 시간에도 저는 정말 죽기 살기로 뛰었습니다. 숨이 턱 끝까지 차오른다는 느낌을 정말 오랜만에 받았습니다. 정말 한발 한발 내딛는 그 짧은 순간들이 그렇게 늦게 흘러가는지 싶었습니다. 시간의 흐름을 제대로 느낄 수 있는 시기였습니다. 결국 저는 중대 대표로 육군훈련소장의 표창을 받게 되었습니다.

물론 훈련소 4주 생활 가지고 뭘 그리 잘난 척을 하는가 나는 더 힘든 곳에도 있었다고 말할 수 있는 분들도 많을 겁니다. 저는 지금 제가 제일 힘들게 훈련소 생활을 보냈다고 말하고 싶은 것이 아닙니다. 훈련소처럼 내가 선택할 수 있는 것이 많이 없는 환경에서도 여전히 핵심은 내 손에 달려있다는 겁니다. 최선을 다할 것인가, 편하게 할 것인가.

28.
시련을 찾아서 떠나기

　공중보건의사 1년 차 때 저는 보건소에서 근무했습니다. 거의 매일 같은 환경 조건에서 근무하며, 운동하며, 공부하였습니다. 그림을 그리는 취미까지 얻었습니다. 환자 수는 날짜 기준으로 보건소가 열린 이래로 가장 많은 날이 대부분이었습니다. 제가 소속된 시, 군뿐만 아니라 인접한 시, 군에서도 환자가 찾아올 정도였습니다.

　그러나 어느 순간 정체된 느낌을 받았습니다. 우울하고 무기력해지더군요. 삶이 더 나아지지 않을 거라는 절망감도 느껴졌습니다. 슬펐습니다.

　그리하여 공보의의 신분으로 할 수 있는 업무적인 변화를 찾아보았습니다. 단번에 저를 사로잡은 것은 병원선 근무였습니다. 무의도(無醫島)에 거주하시는 분들을 배를 타고 찾아가 치료하는 일을 하는 겁니다. 멋지지 않습니까?

솔직히 말해서 다른 장점도 있었죠. 병원선에서 1년 근무를 하게 되면 다음 지역 배치 시기에 우선권이 있어 원하는 곳으로 갈 확률이 높아집니다. 여자친구와 조금이라도 더 가까워질 수 있다는 생각도 영향이 컸죠.

그렇지만 주된 이유는 역시 도전입니다. 보건소에서 1년을 지내며 최선을 다했고 할 수 있는 많은 일을 해보았다고 생각했습니다. 그 뒤 또 다른 급격한 변화, 시련을 찾아 병원선으로 지원을 했고 근무하게 되었습니다.

삶이 절망스럽다는 것은 사실 그만큼 삶에 애정이 있다는 겁니다. 어떻게든 변화를 주어서 더 가치 있게 만들고 싶다는 신호입니다. 보건소에서 지내며 절망감이 없었다면, 당시로서는 새로운 도전인 병원선을 탈 일도 없었겠고 그 뒤로 배울 수많은 것들을 놓쳤을 겁니다.

지금 처해있는 현실이 슬프다고 느껴진다면, 그 슬픔은 변화의 동기입니다. 슬픔을 원동력으로 변화하고 도전해보세요.

"사랑하지 않는 것에 대해서는 절망하지 않는다. 절망하지 않는 것에 대해서는 사랑하지 않는다.
먹고 있던 사탕을 떨어뜨리는 일에 절망하지 않는다.

내 삶을 떨어뜨리는 일에 절망하기 마련이다.

사랑하는 만큼 절망한다. 절망하는 만큼 사랑한다."

29.
나는 성장하고 있는가

수입이 생기게 되는 나이가 되니 주식, 비트코인 등 투자와 관련된 이야기를 하는 친구들이 많아졌습니다. 친구와 커피를 마시며 나눈 이야기입니다.

"○○종목 주가가 상승세다. 비트코인이 상승하고 있다."

이렇게 얘기하며 모니터, 스마트폰 화면만 쳐다보고 있습니다. 하루에도 수십 번 그 곡선의 상승, 하강 양상에 따라 기분이 변한다고 합니다. 그래도 자신이 투자한 종목은 안정적으로 성장할 것이라고 위로하며 애써 마음을 다스립니다.

"나는 주식 잘 몰라서 너의 행동이 좋고 나쁘고 말할 건 없다만, ○○종목 주가가 네 인생보다 더 투자할만한 가치가 있다고 생각하는 거야? 더 믿을 만하다고 보는 건가?"

"아니. 그런 건 아니지."

"그럼 왜 네가 성장하는데 필요한 자금과 노력을 그 ○○종목 에다 쏟는 거냐? 네가 네 인생을 더 믿는다면 거기에 투자해야 지. 그리고 내가 아는 너는 더 많은 돈을 갖고 싶은 것이 아니라 더 나은 삶을 살고 싶어 하는 사람이야. 그렇다면 무엇이든 네 삶 에 투자해야 하는 것 아냐?"

"…"

학생 때와는 다르게 사회인이 되고서 느낀 점은 돈과 삶을 헷 갈리기 쉽다는 것입니다. 통장에 잔고를 더 늘리려는 행동이 내 삶을 더 가치 있게 만드는 행동이라고 착각합니다. ○○종목에 투자하고 그것이 그리는 곡선이 상승하고 있는지 하강하고 있는 지만 쳐다보는 것이 어찌 본인의 삶을 사랑하는 자의 태도인지 이해가 가지 않습니다.

누구보다도 스스로의 삶을 믿고 지지해야 할 사람이라면, 그리 고 통장 잔고가 쌓이는 것보다 내 삶의 가치가 쌓이는 것을 추구 하는 사람이라면 말입니다. 내 인생이 성장할 기미가 보이지 않 아서 다른 사람들이 운영하는 회사에 삶을 맡겨서는 안 된다고 생각합니다. 물론 그 회사가 아주 멋지고 훌륭한 회사여서 가파른 상승곡선이 예상된다 하더라도, 나 스스로만큼은 내 인생을 더 믿어야 하지 않을까요?

공부하고 싶던 분야의 책을 구매하는 것이, 체육관에 등록하여 땀 흘리며 운동하는 것이, 가끔 탁 트인 바다와 드높은 산을 바라보러 떠나는 것이, 사랑하는 사람과 함께 소중한 시간을 보내는 것이 내 삶을 진정으로 사랑하는 방식이 아닐까 생각이 들었습니다.

"주가가 상승해서 좋겠구나. 그 와중에 너라는 그래프는 상승하고 있는 거야? 아니면 하강하고 있는 거야? 보기는 하는 거야?"

물감으로 빛을 표현할 수 있을까요?

빛의 찬란하고 눈부신 그 느낌을 물감으로 완벽하게 만들 수 있을까요? 불가능합니다. 빛은 섞을수록 밝아지고 물감은 섞을수록 어두워지기 때문이죠. 물감이라는 물질로는 빛의 성질을 만들어낼 수가 없습니다. 그럼 이 빛을 물감으로 어떻게 표현할 수 있을까요? 간단합니다. 주변을 어둡게 함으로써 어떤 대상이 빛나는 듯 보이게, 밝게 만드는 것입니다.

웬 물감 이야기냐고 할 수 있겠지만, 실제 삶에 적용해도 도움 되는 이야기입니다. 사실 아주 냉철하게 말해서 '꿈', '이상'이라고 하는 걸 정말로 완벽하게 실현할 수 있을까요? 그렇지 않습니다. 빛과 같아요. 빛을 완벽하게 표현할 수 없는 것과 같습니다.

어떻게 하면 그 꿈, 이상을 가능한 한 최대한 실현할 수 있을까요? 물감이라는 현실적인 제약을 충분히 이해하고 받아들인 상태에서 할 수 있는 것은 주변을 어둡게 하는 거라고 볼 수 있습니다. 달리 말해서 받아들이기는 싫지만, 그냥 열심히 힘들게 고되게 피곤하게 현실에 충실하며 극복해 나가는 일이 빛이라는 꿈 이상에 한 발자국 더 가까워지는 방법입니다.

대단한 업적을 이룬 사람들의 상당수가 아주 어둡고 고통스러운 과거, 환경을 가지고 있다는 것도 일맥상통합니다.

그러니 혹시 지금의 나의 상태가 너무 어둡고 힘들다고 하더라도, 그 어둠과 힘듦, 현실이 결국 빛, 내 꿈과 천국보다 더 이상적인 것인 셈입니다.

아버지

제 아버지는 굉장히 똑똑합니다. 사람 머리에 저 정도의 지식이 들어갈 수 있는가 싶을 정도입니다. 저랑은 완전히 다릅니다. 아버지를 보고 깨달았습니다. '나는 머리가 나쁘다.' 뭔가를 공부하면 기억이 안 납니다. 소설을 읽을 때, 주인공 이름이 길거나 낯설면 기억이 안 납니다. 누가 주인공인 줄 모르겠습니다. 그래서 외국 소설을 잘 못 읽을 정도입니다.

반면, 제 아버지는 다릅니다. 다 기억합니다. 박물관이나 미술관에 가더라도 '이 그림은 ~~~.' 뉴스에서 일본 이야기가 나오면 일본 역사, 문화, 경제 등에 대해서 또 끝나지 않을 이야기가 이어지고요. 스피커가 독일제라 하면, 독일의 이야기가 쭉 이어집니다. 어릴 적, 제가 데카르트의 명언에 대해 궁금증이 생겨 물어본 적이 있습니다. 저는 데카르트에 대해 물었을 뿐인데, 데카르트를 알기 위해서는 누구를 먼저 알아야 하고, 그다음 누구를 알아야 하고, 또 그 당시 배경을 알아야 하고, 무슨 그리 알아야 할 것이 많은지 엄청난 이야기를 들었습니다(엄청난 이야기를 들었다고 쓰여 있지만, 엄청난 고통을 받았다고 읽으시면 됩니다). 참 대단해서 웃음이 나올 정도입니다. '아니, 저걸 왜 알고 계시지?' 했던 때가 한두 번이 아닙니다.

이렇게 똑똑한 제 아버지께 배울 점은 많은 것을 알고 있자는 것이 아닙니다. 지금, 환갑이 가까워지는 연세에도 배움을 끊지 않는다는 것입니다. 계속 공부하십니다.

저도 새벽에 일찍 일어나는 편이지만, 아버지는 더 일찍 일어나십니다. 제가 일어나서 아버지는 무얼 하시지 보면 뉴스 기사를 읽으시거나, 다큐멘터리를 시청하시거나, 하고 싶은 공부를 하고 계십니다. 최근에 봤을 때는 일본어 공부를 하고 계시더라고요. '참 일반적인 사람은 아닌 분이다.'라는 생각이 드는 와중에, 저는 이미 운동을 갈 채비를 하고 있더군요. 아버지의 그런 모습을 보고 저도 알게 모르게 배웠나 봅니다. 하루를 일찍 시작하는, 눈을 뜨자마자 내 발전을 위한 일을 하는 그 습관은 아버지께서 제게 주신 가장 큰 유산입니다.

저는 타고난 것이 새벽형 인간은 아니었습니다. 초등학생 때까지만 해도 도저히 잠에서 못 일어나 지각을 한 적이 한두 번이 아닙니다. 원래 아침잠이 많은 아이였지요.

그런데 언제부턴가 아버지께서 새벽마다 저를 깨우시는 겁니다. 지금 생각해보면 심심해서 깨우신 것 같습니다. 문제는 여기 있습니다. 저만 깨운다는 겁니다. 동생은 자게 내버려 두고, 어머니도 주무시게 내버려 두고 말이죠. 그렇게 어릴 때부터 아버지로부터 아침잠을 빼앗기는 것이 계속해서 이어지자, 아버지가 깨우지 않아도 알아서 눈이 떠지게 되었습니다.

이제부터는 저의 역습이 시작됩니다. 고3 시절 저는 웨이트트레이닝을 하기 위해 새벽에 눈을 떠야 했습니다. 헬스장이 집에서는 조금 멀리 떨어져 있어서 차를 타고 가야 했기에, 아버지가 필요했습니다. 그 당시, 저는 아버지보다 더 일찍 일어나서 아버지가 주무시는 방으로 들어가 가만히 서서 인기척을 냈습니다. 새벽형 인간들끼리의 힘겨루기였습니다. 어느 날은 제가 늦게 일어나 아버지께서 저를 깨워 운동을 간 적도 있지만, 제가 더 많이 아버지를 깨우러 갔습니다. 저의 승리입니다.

아침잠을 빼앗기는 건, 유쾌한 일이 아닙니다. 빼앗는 것은 유쾌한 일입니다.

생각해보면 그 당시, 새벽같이 일어나 저와 함께 운동을 가주신 아버지께 너무 감사합니다. 아버지 덕분에 지금 제가 있습니다.

시합장에서 공부하는 모습입니다. 허리가 너무 아팠습니다. 의자에 앉아 공부할 수 있다는 것은 축복임을 깨달았습니다.

2장

실패를 위한
구체적인 방법

00.
체력을 길러라

공부를 오래 해야 하는 사람들이 자주 듣는 이야기지요. '체력을 길러라.' 전 솔직히 그 당시 이렇게 생각했습니다. '체력은 무슨 체력, 앉아서 공부만 하는 건데, 숨이 차기를 하나 근육이 쑤시기를 하나 운동은 왜 하라고 그러는 걸까? 운동하면 더 힘든데, 공부를 더 오래 못하게 되는 것 아닌가?'

결론부터 내보자면 운동하시는 것은 공부에 도움이 됩니다. 여러 연구들에 따르면 운동은 기억과 사고를 돕습니다. 운동의 이점은 인슐린 저항성을 감소시킵니다. 이는 혈중 포도당을 더 잘 활용할 수 있음으로 보서도 괜찮습니다. 뇌가 포도당이 필요할 때 빠르게 반응할 수 있게 도울 것으로 예측할 수 있죠. 또 염증을 줄입니다. 뇌세포 의 건강에 영향을 미치는 뇌의 화학 물질 활용, 뇌의 새로운 혈관 성장을 자극합니다. 뇌세포의 생존 가능성을 높이는 것이죠.

간접적으로 보면 운동은 기분과 수면을 향상시키고 스트레스와 불안을 감소시킵니다. 물론 운동을 한다고 해서 성적이 저절로 오르지는 않겠지만, 운동이 학업에 도움을 줄 수 있다는 것입니다.

과학적으로 봤을 때, 운동이 학업에 도움이 된다는 것은 일리가 있습니다. 그렇다면 현실적으로도 그러할까 생각해봅시다. 공부할 시간도 모자란데, 거기다가 운동까지 해도 될까요? 제 경우는 이러합니다.

하루는 86,400초로 제한이 되어있습니다. 이 중 실제로 활용할 수 있는 시간은 훨씬 적겠습니다. 활용할 수 있는 시간이 제약되면 제약될수록 뇌의 회전수는 높아집니다. 소위 말하는 벼락치기도 같은 원리입니다. 시간이 제약된 상태이기에 평상시보다 좀 더 집중할 수 있는 것입니다. 예로 들어봅시다. 중간고사를 보는데 10주 전부터 미리 공부를 한다고 합시다. 안 합니다. 일주일 전부터 공부를 한다고 합시다. 합니다. 이처럼 시간이 부족하게 되면 실천력이 극도로 높아집니다.

그렇지만 '공무원 시험이 8개월 남았습니다.', '수능이 일 년 남았습니다.' 이런 경우에는 시험 준비하는 기간이 비교적 긴 편입니다. 하루하루를 그냥 보내며 시간이 모자랄 때까지 기다릴 수도 없는 노릇이지요.

이럴 때 제가 제안하는 방법이 있습니다. 하루 그 자체만 바라 보는 겁니다. 하루가 86,400초인 것이 모자라게 만들라는 것입니다. 공부만 해도 모자랄 것 같은 시간인데, 거기다가 운동하는 시간까지 넣어 보십시오. 시간이 정말 모자라다는 느낌이 듭니다. 뇌의 회전수가 높아지고 각성됨을 알 수 있을 것입니다. 배수의 진과 유사한 느낌입니다.

운동을 시작해서 당장 얻는 생물학적 이익은 없을 수 있습니다. 다만 위와 같은 '모자람에서 오는 각성'의 장점은 충분히 가져 갈 수 있습니다. 시간에 한계를 자의적으로 두시고, 그 긴장감을 활용해보시길 바랍니다. 더 발전적으로 성장하고 있음을 알 수 있을 것입니다.

공부와 운동을 병행할 수 있는 이유, 해야 하는 이유 중 하나입니다.

01.
혼자 지내기

홀로 있어야 내가 무엇이 결핍되어 있고 무엇이 부족한 지 알 수 있다.

저는 먼저 홀로 지내는 시간을 보내라고 말씀드리고 싶습니다. 그 이유는 스스로가 누구인지 그리고 외부의 영향 없이 본인이 원하는 것에 대해 온전히 집중할 수 있기 때문입니다.

타인과의 교류가 제한되고 외부와의 교류 또한 제한이 되면, 타자의 욕망에 덜 신경 쓰게 됩니다. 물론 이 부분에 대해서 완전히 자유롭기란 불가능하겠지만, 사회적인 교류, SNS 등을 끊고 지내다 보면 진정으로 자신이 무엇을 원하는지 알 수 있습니다. 평생을 그렇게 보내라는 것이 아니라 그렇게 보내는 시간이 필요하다는 것이죠.

저는 학창시절 항상 밥을 혼자 먹었습니다. 대학교에 올라와서도 마찬가지였습니다. 예과 1학년 2학년 때도 점심시간이 보통 1시간이었는데, 그때 보통은 운동을 하러 갔습니다. 체육관까지 왔다 갔다 하는 시간 10분 정도였고요. 실질적으로 운동하는 시간은 40분 정도였습니다. 옷도 갈아입어야 했고, 닭가슴살도 쑤셔 넣었어야 했으니까요.

이 말은 점심시간이면 동기들과 밥도 같이 먹으면서 이야기 나누고 친해지는 시간을 나 혼자 보냈다는 뜻입니다. 그리고 또 수업이 마친 뒤면, 체육관에 들렀죠. 이렇게 운동에 시간을 투자해 보니 확실히 알게 된 것이 있습니다.

'아, 나는 운동(웨이트트레이닝)을 좋아하는구나.'

혼자 영화도 보고, 공부도 하고, 운동도 하고, 밥도 먹고 하다 보면 말할 상대가 없습니다. 그렇다고 생각 없이 시간을 보내지도 않습니다. 혼자 골똘히 생각을 하는 겁니다. 제 내면과의 대화를 시작하는 거죠. 무슨 헛소리인가 싶을 수 있겠지만, 해보시면 아실 것입니다.

친구들이나 연인이나 다른 사람들과 시간을 함께 보내면 나에게 집중을 그만큼 덜 하게 됩니다. 상대방이 원하는 바가 무엇인지 신경 쓰게 되니까요. 반면, 홀로 있으면 자신을 내면의 존재에 더 가까이 가게 할 수 있습니다.

양계초『신민설』을 보면 이런 이야기가 있습니다. '어떠한 외적인 환경에서도 자신의 마음을 그대로 발현하도록 하기 위해서는 수양이 필요하다.' 양계초는 그 수양의 방법으로 '신독'(愼獨)을 제안합니다. 삼갈 신, 홀로 독입니다. 자기 홀로 있을 때에도 도리에 어그러지는 일을 하지 않고 삼감[출전: 大學(대학)]. 정말 중요합니다. 주변에 보는 눈이 없고, 외적으로 일이나 업무를 강제 받지 않는 상황에서 스스로 해야 할 일에 최선을 다하는 것 또한 신독의 일종입니다. 강제 받지 않더라도 나태하지 않고 본인이 진정 원하는 바가 무엇인지에 대해 생각하고, 지키고, 실천할 줄 알아야 합니다.

"자기 자신과 연애하듯 살아라. 자부심이란 다른 누구도 아닌 오직 당신만이 당신 자신에게 줄 수 있는 것이다. 다른 사람들이 당신에 대해 뭐라 말을 하든 어떻게 생각하든 개의치 말고 언제나 자신과 연애하듯이 삶을 살아라"

_ 어니 J. 젤린스키

"최상의 생각은 고독 안에서 이루어지고 최악의 생각은 혼란 속에서 나온다."

_ 이와타 마쓰오, 『결국 성공하는 사람들의 사소한 차이』

02.
후회하지 않기

수능과 재수 때 후회는 없었을까요? 좀 더 잘해서 더 좋은 곳 갈 수 있었을 텐데, 그때 나태해 하지 않았더라면, 보디빌딩 시합 전 준비기간 때 조금 더 열심히 했더라면, 하는 후회 말이에요. 그뿐만 아니라, 그날 그 횡단보도를 건너지 않아서 교통사고가 나지 않았더라면 같은 후회들까지요.

저는 후회들에 대해서는 가볍게 생각합니다. 과거는 단지 제 뇌 어딘가에 남아있는 아주 작은 흔적으로, 기억 저장 세포로 남아 있을 뿐이라고요. 과거에 집착하고, 한탄을 하는 후회는 나의 실질인 현재와 다가올 실질인 미래까지 망치는 일이에요. 과거는 흘러간 이상, 기억저장 세포일 뿐이에요. 그 작은 세포 때문에, '나'라는 가치 있는 존재가 앞으로 나갈 수 없어서야 되겠나요?

오히려 과거의 잘못으로 인해 지금의 발전이 있다고 생각하고 넘어가는 편이 낫습니다. 내가 내린 결정에 대한 책임은 전적으로 나에게 달려 있으니까요. 저만 보더라도 그렇지 않나요? 과거의 잘못과 실패 덕분에 저는 많이 발전해왔다고 생각합니다. 오히려 과거의 실패를 긍정하는 편이 앞으로의 도전에 힘을 실어 줍니다. 더 실패해도 괜찮다고요.

과거는 내 머릿속에 있고, 미래는 내 손에 달려 있습니다.

"끝난 일에 대해서는 언급할 필요가 없으며, 지난 일에 대해서는 허물을 물을 필요가 없다."

_ 공자

03.
타인의 부정적인 시선 압도하기

신입생으로서 처음 가졌던 술자리가 기억이 납니다. 그 당시만 해도 저는 2년 정도 운동을 한 상태여서 몸이 나쁘지는 않았습니다. 한 선배와의 대화가 기억에 남네요.

"너, 그 운동 계속할 거야?"

"네. 계속하고 싶어요. 좋아합니다."

"아마 힘들걸. 학교 일정이 만만치가 않아."

"그렇군요."

이렇게 내가 무언가를 해내겠다고 했을 때 부정적인 시선을 보내는 타인은 두 가지 부류가 있다고 봅니다. 하나는 '너는 못할 것이다. 왜냐하면 내가 못했으니까.' 본인이 못한 것을 나이가 어린 후배나 동생이 해낼까 봐 무서워서 그런 말을 하는 겁니다. 겁쟁이입니다. 논할 가치가 없습니다. 곁에 둬서 득 될 것이 없는 사람입니다.

다른 하나는 '나는 해냈다. 그렇지만 너는 못할 것이다.' 자아도취감이 심한 사람입니다. 본인이 한 노력의 강도를 본인보다 어린 후배나 동생들이 감당하지 못할 것이라 생각하는 케이스입니다. 전자보다는 조금 낫지만, 그래도 한심합니다.

다시 저 대화를 했을 때로 돌아가 봅시다. 속으로는 이렇게 생각했습니다. '그건 네 생각이고,' 무언가를 하기에 앞서 다른 사람들의 이야기를 듣고 겁먹을 필요가 없습니다.

다른 사람은 그냥 다른 사람일 뿐입니다. 다른 사람이 못했다고 해서 나까지 못하리란 법은 어디에도 없습니다. 또 다른 사람이 해냈다고 해서 나도 해낼 수 있다는 법 또한 없겠죠. 그리고 보통 '이 일은 어렵다.'라고 겁을 주는 사람들은 대게 선배들이나 본인보다 나이가 많은 어른들입니다. 이미 해본 사람들입니다.

제 추측인데 아마 그렇게 말하는 의도는 '이 일은 굉장히 힘들다. 나는 그것을 해냈다. 너는 아마 못할 것이 다.'라고 보입니다. 저는 다 무시합니다. 무시해도 됩니다.

나보다 학년이 높고, 나이가 많다고 해서 반드시 나보다 잘 살고 잘 아는 것은 아닙니다. 예를 들어 봅시다. 20년 동안 조기축구회에서 축구를 해온 사람과 5년 동안 프로 축구선수로 데뷔하기 위해 축구를 해온 사람이 있다고 합시다.

누가 더 잘할 것 같습니까? 후자입니다. 내가 선배들보다 축구를 짧게 했다고 해서 못하는 것이 아니듯, 삶도 그렇다는 거죠. 극단적으로 비교해볼게요.

50년 동안 자신의 이익을 챙기고 남들처럼 묻어가면서 시키는 일 하면서 중간만 가자는 마인드로 살아온 사람과 25년 동안 봉사정신을 지닌 채 남들에 휩쓸리지 않고 주체적으로 일하면서 끝까지 가보자는 마인드로 살아온 사람이 있다고 합시다. 누가 더 잘 산 것 같습니까? 저는 후자라고 봅니다.

삶의 가치와 존중은 그 양에서 오지 않는다고 봅니다. 그 양이 많다고 해서 권위를 내세우는 사람은 마음에 둘 필요가 없는 사람들이고요.

물론 그렇다고 해서 연장자를 공경할 필요가 없다는 뜻은 아닙니다. 다만, 경력이 오래되었다고 해서 그 일을 반드시 잘하는 것은 아니고 삶도 마찬가지라고 봅니다. 오래 살았다고 하여 삶을 잘 영위할 줄 안다고 할 수 없습니다.

우리는 시간이 아니라 가치에 의해 평가됩니다. 100살을 넘게 살았다고 해서 잘 살았다고 하지는 않습니다. 20살에 세상을 떠났다고 해서 못 살았다고 하지도 않습니다. 잘 사는 것과 오래 사는 것은 다릅니다.

아, 그나저나 저에게 공부와 운동을 병행하는 것이 힘들 것이라고 기를 죽인 그 선배님은 잘사시려나 모르겠습니다.

"나이가 성숙을 보장하지는 않는다."

_ 라와나 블랙웰

유튜브 라이브 방송을 하는 도중에 한 구독자분이 말씀하셨습니다. "한의빌더님은 전문직이라 좋으시겠어요. 저는 대학생인데, 취업을 준비하시는 선배님들이 오셔서, 취업이 너무 힘들다고 못하겠다고 말씀하시더라고요. 앞이 캄캄해요." 전문직에 대한 이야기는 접어두고, 선배들이 힘들다고 하는 이야기에 겁먹을 필요가 없다는 이야기가 하고 싶습니다. 좀 전에 말했듯이 '그건 네 생각이고'라는 마음가짐도 좋습니다.

좀 더 재밌게 이야기를 해보겠습니다. 그렇게 선배님 말씀 잘 듣고, 따르신다면 우리 인류의 선배들을 한 번 봅시다. 좀 높은 선배님들로 예를 들겠습니다. 구석기 시대 인생 선배님들이요.

그분들은 돌을 갈 줄도 모르서서 깨서 썼습니다. 집도 없어서 동굴 같은 곳에 사셨고요. 자, 그런 분들의 한참 후배인 우리들을 봅시다. 돌은 무슨 최첨단 기기들을 사용하고 있고요. 꼭대기가 보이지도 않는 빌딩도 짓고요. 이 사례는 좀 극단적이긴 합니다만, 사람은 대가 이어지면 이어질수록 발전합니다. 선배라고 다 잘난 것이 아닙니다. 후배들이 더욱 잘하도록 되어 있습니다.

04.
자신감 가지기

보디빌딩 시합에 출전할 때마다 느끼는 감정이 있습니다. 다른 선수분들은 모두 갑옷을 두른 듯 강한 전사처럼 보이지만, 저는 헐벗은 느낌이 듭니다.

시합 준비 기간에 조언을 구했던 선생님이 계십니다. 말씀하시기를, "실제로 네 몸이 좋든 나쁘든, 그 무대 위에서 가장 좋다고 생각하면서 포징을 해라." 이는 자신감의 문제입니다. 스스로를 얼마나 믿을 수 있냐의 문제입니다.

준비 기간에 할 수 있는 가장 중요한 일은 치열하게, 나태함을 경계하며, 꾸준히 한 발씩 나아가는 일입니다. 그 일이 끝난 뒤, 결정적인 순간인 시합 날에 할 수 있는 가장 중요한 일은 그 준비해온 것을 바탕으로 자신 있게 주눅 들지 않고 최선을 다하는 일입니다.

스스로에게 자신감을 잃은 순간, 약해집니다. 시험이든 시합이든 결과를 내는 순간에 실력은 이미 정해져 있습니다. 그 실력이 낼 수 있는 결과의 범위는 한정되어 있고요. 그 범위 중에서 높은 결과를 내느냐, 낮은 결과를 내느냐는 자신감에 달려있습니다.

예를 들면 그런 겁니다. 제가 자신감이 바닥을 치고 있다면, 저는 토끼인 셈입니다. 쉬운 먹잇감이 됩니다. 반면, 제가 자신감이 하늘을 찌른다면, 저는 호랑이인 셈입니다. 쉬운 상대가 아니게 됩니다. 이런 맥락에서의 명언도 있지요.

"나 자신에 대한 자신감을 잃으면, 온 세상이 나의 적이 된다."

_ 랄프 왈도 에머슨

랄프 왈도 에머슨이 이러한 말을 한 이유가 있는 겁니다. 정말로 내가 나 자신에 대한 자신감을 잃으면, 그만큼 약해지고 표적이 되기 싶다는 겁니다. 모두가 적이 되는 것이지요.

일반적으로 누구든 이길 수 없는 상대를 적으로 만들려고 하지는 않습니다. 토끼가 호랑이를 적으로 만들려고 하지 않는 것처럼요. 그렇기 때문에 우리는 자신감을 가져야 합니다. 물론 뒷받침되는 노력이 없이 자신감만으로 이루어 낼 수 있는 일은 없지요. 다만, 최선을 다한 뒤에 할 수 있는 것은 자신감을 가지는 일밖에 없다는 겁니다.

못 가지겠으면 자신 있는 척이라도 하면 됩니다. 셰익스피어는 이런 말을 했습니다. '덕을 갖추지 못했다면 있는 척이라도 해라.' 자신감에도 적용하면 좋습니다. 자신이 없으면 있는 척이라도 하면 됩니다.

자신감이 넘치는 사람들도 어떤 확실한 근거나 믿는 구석이 있어서 그런 것이 아닙니다. 실력으로는 별반 다를 것이 없는데, 자신감 때문에 결과가 다르게 나오면 억울하지 않습니까? 다 척입니다. 척. 그러니까 겁먹지 마세요. 남이 대단해 보이는 만큼, 남도 제가 대단해 보입니다.

> "나무에 앉은 새는 가지가 부러질까 두려워하지 않는다. 새는 나무가 아니라 자신의 날개를 믿기 때문이다."
>
> _ 류시화, 『새는 날아가면서 뒤돌아보지 않는다』

> "스스로 할 수 없다는 생각은 망하는 근본이고, 스스로 할 수 있다는 생각은 만사가 흥하는 근본이다."
>
> _ 안중근 의사

05.
허무주의를 경계하기

저는 허무주의자들 싫어합니다. 열심히 운동하고 몸을 만들다 보면 주변에서 꼭 이런 질문을 받습니다.

'그렇게 열심히 살아서 뭐 하냐? 너 어차피 그렇게 근육 키워도 나이 들면 다 빠져. 그냥 먹고 싶은 것 먹고, 즐기면서 살아.'

물론, 시간이 지나 나이가 들고, 병이 들면, 지금보다야 근육이 줄 수 있겠지요. 제 운동과 식단 관리의 종착지, 최종적인 결과는 병들어 약한 육체일 수 있습니다. 다만, 목표는 그것이 아닙니다. 귀결, 종착지는 약한 육체일 수 있겠지만, 목표, 목적은 강한 육체인 겁니다.

밥을 예로 들면 좋습니다. 밥을 왜 먹습니까? 어차피 배가 고파지는데 말이죠. 밥은 배가 고프기 때문에 먹는 것입니다. 배가 고파지는 것은 귀결이긴 합니다만 목적은 아닙니다. 밥을 먹어

배를 채우는 것은 귀결은 아닐 수 있겠지만 목적입니다.

운동으로 볼까요? 운동을 왜 합니까? 어차피 결국 약해지는데 말이죠. 약해지는 것은 최종적인 결과일지 모릅니다. 그렇지만 약해지기 위해서 운동하는 것은 아닙니다. 강해지기 위해 운동을 하는 것이고, 약하기 때문에 하는 것입니다.

더 나아가 삶으로 봅시다. 왜 삽니까? 어차피 죽는데 말이죠. 삶은 죽기 때문에 사는 것입니다. 죽음 또한 삶의 원동력이 되는 것입니다.

배가 고픈 것, 약한 것, 죽는 것은 원동력이자 이유입니다. 꽃이 피는 모습을 보셨습니까? 피는 모습을 보면, 질 것을 모르는 것처럼 핍니다. 벚꽃이 만개한 거리를 보면, 정말로 나중에 질 것을 모르는 것처럼 활짝 핍니다. 너무 아름답습니다. 우리도 그랬으면 좋겠습니다.

"과거에 대해 생각하지 말라. 미래에 대해 생각하지 말라. 단지 현재에 살라. 그러면 모든 과거도 모든 미래도 그대의 것이 될 것이니."

_ 라즈니쉬

"죽으러 가는 게 아니야. 내가 정말 살아 있는지를 확인하러 가는 거야."

_ 애니메이션 〈카우보이 비밥〉

06.
핑계 대지 말고, 환경 탓 하지 말기

"인생은 다음 두 가지로 성립된다.

하고 싶지만 할 수 없다.

할 수 있지만 하고 싶지 않다."

_ 괴테

해석은 다양하게 할 수 있겠죠. 언어란 것이 그런 거니까요. 제 상황에 맞게 크게 두 가지로 해석하자면 이렇습니다.

예를 들어 보겠습니다.

전교 1등 하고 싶지만 할 수 없다. 공부할 수 있지만 하고 싶지 않다.

보디빌딩 하고 싶지만 할 수 없다.

운동, 식단, 휴식할 수 있지만 하고 싶지 않다.

꿈은 꾸지만 이룰 수 없다고 보고, 꿈을 이루는 과정에서의 노력은 할 수 있지만 하고 싶지 않다고 보는 것입니다. 욕심은 많지만 포기한 상태이고, 나태함에 빠진 것이죠.

이것이 제 첫 번째 해석입니다.

머릿속으로 꿈꾸는 것은 참 쉽죠. 근데 그건 말 그대로 꿈이죠. 아인슈타인의 명언이 떠오릅니다. '어제와 똑같이 살면서 다른 미래를 기대하는 것은 정신병 초기증세이다.' 내 일상을 바꾸고 싶지는 않고(힘이 드는 일이니까요) 내 미래를 바꾸고는 싶고요. 말이 안 됩니다. 왜 아인슈타인이 이러한 상태를 정신병 초기 증세라고 말한 것인지 알 것 같습니다. 망상이잖아요. 아무것도 하지는 않으면서 꿈만 꾸는…. 그러면 결론은 '현재를 바꾸지 말고 미래가 바뀌기를 꿈도 꾸지 말던가, 현재를 바꾸고 미래를 바꾸어 꿈을 향해 나아가던가'입니다. 저는 후자를 택했습니다. 그러기 위해 많은 것을 포기하고 끊었습니다. 나의 하루 중 어떤 시간을 빼야지, 새로운 일을 할 시간을 더할 수 있습니다.

두 번째 해석은 이렇습니다.

전교 1등 하고 싶지만 집이 가난하여 과외를 못 받기에 할 수 없다.

전교 1등 할 수 있지만(수많은 노력을 해야 하고 힘들기에) 하고 싶지 않다.

보디빌딩 하고 싶지만, 어깨가 좁아서 키가 작아서 할 수 없다.

보디빌딩 할 수 있지만(운동하기 힘들고 식단 지키기 힘들기에) 하고 싶지 않다.

꿈은 있지만 환경, 조건 때문에 할 수 없다고 핑계를 대는 것이거나 꿈을 이룰 수는 있지만 그 과정이 힘들어서 하고 싶지 않다고 나태함을 표현하는 것. 환경 조건 탓을 돌리면서 본인 인생 꿈 포기하는 것입니다. 노예 정신의 정수입니다. 본인 인생을 본인이 결정해야 하는 것이지, 왜 환경 조건이 결정하게 놔둡니까.

과정이 힘들기에 인생, 꿈 포기해버리는 나태함. 이것은 죽어야 합니다. 내 안에 있는 나태함, 게으름은 다 죽어야 합니다. 죽어야 제가 자유롭게 삽니다.

"항구에 머물 때 배는 언제나 안전하다. 그러나 그것은 배의 존재 이유가 아니다."

_ 존 A. 세드

"희망은 절대로 당신을 버리지 않는다.
다만 당신이 희망을 버릴 뿐이지."

_ 리처드 브리크너

07.
새로 시작하기 위해 비우기

현재를 바꾸어서 미래를 바꾸기 위해 먼저 대대적인 공사를 해야 합니다. 예를 들어 '운동을 규칙적으로 하고 싶다. 공부를 오랫동안 하고 싶다. 꾸준히 책을 읽고 싶다.'는 발전적인 마음을 먹었다고 합시다. 독하게 마음먹었더라도 운동, 공부, 독서는 금방 포기하게 됩니다. 그렇다면 어떻게 해야 할까요?

답을 드리기에 앞서 당신의 한계는 없다. 사람의 잠재력은 무궁무진하다. 새빨간 거짓말입니다. '유궁유진'합니다. 하루만 하더라도 시간이 한정되어 있다. 내가 한 가지 활동을 하면 그 순간은 다른 한 가지 일을 포기해야 하는 것이지요.

본론으로 들어가 운동, 공부, 독서 등을 습관, 좋아하는 취미로 만드는 방법에 대해 이야기해보겠습니다.

일단 끊어야 합니다. 운동, 공부, 독서는 원래의 일상에 추가되는 것들이 아니라 원래의 일상적 활동(예: PC방에서 게임하기, TV로 드라마, 예능 보기)에서 무언가를 뺀 뒤에 대체되는 활동입니다(물이 가득 찬 컵이 있는데 거기다가 새로운 물을 더 붓는다고 해서 그것이 들어가지는 않잖아요? 안에 들어있는 물을 빼내야, 새로 떠온 물을 넣을 수 있겠죠).

내가 하루에 쓸 수 있는 시간뿐만 아니라 활동력, 집중력도 한계가 있습니다. 이것을 어떻게 활용할 것인가는 매우 중요합니다. 여전히 PC방에서 게임을 하고, TV로 드라마와 예능을 챙겨보면서 운동이나 공부, 독서까지는 잡을 수 없다는 겁니다.

그렇기에 PC방에서 게임하기, TV로 예능 보는 것을 단번에 끊는 것을 추천드립니다. 끊자마자 바로 취미로 만들고 싶었던 생산적인 일들로 대체하게 되면 오래 못 갑니다. 대체된 활동들이 생산적이기는 하지만, 재미는 없거든요.

끊고 나서는 그냥 가만히 그 시간을 지루하게 보내시면 됩니다. 휴대폰도 보지 마시고요. 그냥 가만히 계시면 됩니다. 책 초반부에서 말씀드렸는데, 인간은 정체된 것, 변하지 않는 것을 본능적으로 거부합니다. 여기서 본능을 이용하는 겁니다.

가만히 있는 상태가 지속되고 이에 대한 거부감이 충분히 커졌을 때쯤, 책상에 앉아 공부를 해봅니다. 체육관에 나가서 운동을 하기 시작합니다. 책을 집어 한 문장씩 읽어 내려갑니다. 놀랍게도 시간이 빨리 갑니다. 더욱이 재미가 있습니다.

행복이란 어떤 단면적인 감정이 아닙니다. 아주 다양한 원인에서부터 느껴질 수 있는 감정입니다. 그에 따라 종류도 아주 다양하다고 볼 수 있겠습니다.

행복의 역사에 대해 연구하는 철학자인 제니퍼 헥트는 자신의 책 '행복 신화(The Happiness Myth)'에서 우리는 모두 다양한 종류의 행복을 생각하지만, 이들을 동시에 경험할 수 없다는 사실이 문제라고 말합니다. 어떤 행복은 다른 행복과 충돌합니다. 이는 한 가지 행복을 너무 많이 누리면 다른 행복을 누릴 수 없다는 뜻입니다. 따라서 모든 행복을 최대한 많이 누리는 것은 불가능한 일입니다.

기회비용 개념을 떠올리면 쉽습니다. 예를 들어, 게임을 하면서 오는 누군가를 이겼을 때, 느껴지는 행복감이 있다고 하고, 공부를 하면서 오는 스스로를 발전시켰을 때 오는 행복감이 있다고 합시다.

이 둘은 양립하기 어렵습니다. 게임을 하면 공부를 못 합니다.

공부를 하면 게임을 못 합니다. 이로써 무엇을 택하든 어느 정도의 불행은 감수해야 합니다.

저는 이렇게 생각합니다. 내가 게임을 하더라도 성적이 떨어져 어느 정도 불행을 느끼게 되는 것이고, 내가 공부를 하더라도 게임을 못 해 어느 정도 불행을 느끼게 되는 것이면, 나는 후자를 택하겠다고요.

"버리고 비우는 일은 결코 소극적인 삶이 아니라 지혜로운 삶의 선택이다. 버리고 비우지 않고는 새것이 들어설 수 없다."

_ 법정 스님

"사람은 뭔가의 희생 없이는 아무것도 얻을 수 없다. 뭔가를 얻기 원한다면 그와 동등한 대가가 필요하다."

_ 아라카와 히로무, 『강철의 연금술사』

08.
모르겠으면 일단 최선을 다하기

친구들과 대화하다 보면 이런 이야기를 종종 듣습니다. "니는 좋겠다. 좋아하는 일 찾아가지고 그래 열심히 하고, 부럽다." 이런 이야기를 들을 때 조금 답답합니다. 사람들은 어떤 자기만의 가치나 재능 등이 자기 안에 들어있다고 생각합니다. 내재되어 있다고 생각합니다. 그렇지 않습니다.

내 안에 숨어있는 발견하지 못한 가치를 찾으려고 하지 마세요. 없습니다. 가치는 찾는 것이 아니라 만드는 겁니다. 좋아하는 일을 찾았기 때문에 그것을 열심히 한 것이 아닙니다. 열심히 해보니, 직접 겪어보니, 그 일이 내가 좋아하는 일인 것을 알게 된 것입니다. 처음부터 좋았고 그래서 열심히 한 것이 아니란 말입니다.

"욱이, 내는 내가 뭘 좋아하는지 모르겠다."

한 친구한테 들었던 말입니다.

"그럼, 니가 뭘 싫어하는지 먼저 찾으면 되겠네. 그리고 그 싫어하는 일 하나씩 때려 치라. 그러면 남은 일들 중에 니가 좋아하는 일이 있겠지."

내가 무슨 일을 좋아하는지 도무지 모르겠을 때, 그냥 주어진 일에 최선을 다해보세요. 제가 초등학생 때 주어진 일은 태권도였습니다. 몇 년 동안 최선을 다했습니다. 그렇게 노력을 해보니 알겠더라고요. 이건 내가 좋아하는 일이 아니다. 며칠, 몇 주, 몇 달 해보다가 '아, 이건 내가 좋아하는 일이 아니네.'라고 말할 수는 없습니다. 그 짧은 기간 가지고는 아무리 노력하더라도 그 일이 무슨 일인지 제대로 파악하지 못합니다. 공을 들여야 합니다. 공을 들여야 이 일을 알게 되고 그 뒤에야 내가 이를 좋아하는지 싫어하는지를 알 수 있습니다.

싫어하는 일을 하나하나씩 찾고, 소거해나가면 됩니다. 그렇게 되면, 내가 좋아하는 일에 점점 더 가까워집니다.

"난 내가 내 꿈의 근처라도 가보고는 죽어야지 싶더라고,"

_ 빈지노, 〈Always awake〉

09.
생활에 생각을 길들이지 말고,
생각에 생활을 길들이기

저는 하루에 두 번 운동을 합니다.

"운동을 어떻게 하면 당신처럼 될 수 있습니까?" 헬스장에서 한
중년 남성분께서 저에게 질문했습니다.

"하루 두 번 운동하고, 식단 관리를 철저히 합니다."

"몇 년 되셨나요?"

"한 7~8년 됐습니다. 하루 두 번 운동은 3년 정도 된 듯합니
다."

"저는 그렇게는 못 하겠네요. 하하. 부럽습니다."

"당신은 당신이 생각하는 대로 살아야 한다. 그렇지 않으면 당신은

머지않아 사는 대로 생각하게 된다."

_ 폴 발레리

이러한 명언이 있습니다. 생각하는 대로 사는 습관을 길러야 합니다. 머리로는 더 열심히, 더 잘, 더 발전적으로 실천하려고 합니다. 머리로 떠올린 것을 직접 실천에 옮기며 살아야 합니다. 그렇게 해야만 우리는 진정으로 자유로워질 수 있습니다.

반대로 내가 지금 사는 상황에 익숙해지고, 정체되어 버린다면, 변화를 생각할 수 없고, 발전을 생각할 수 없습니다. 왜 저 때의 중년 남성분께서는 그렇게 못하겠다고 말씀하셨을까요? 그렇게 살고 있으니까요. 그렇게 살고 있기 때문에 그 사는 것에 맞추어 생각하신 겁니다. 안 된다고요.

우리는 그렇게 되지 않았으면 좋겠습니다. 사는 것에 맞추어 생각할 것이 아니라, 내 생각에 내 삶을 맞추는 겁니다. 당연히 후자가 피 터지게 힘들겠지요. 내 생각은 높고 고귀하고 어려운데, 내 생활은 그에 비해 낮고 편안하니까요. 아래에 있는 것을 끌어올리는 것이 보통 일입니까. 또 스스로를 사랑하는 사람의 욕심이 어디 보통인가요? 그 욕심에 내 삶을 맞추려면 얼마나 더 끌어올려야 하고, 분주하게 살아야겠습니까.

"할 수 있다고 믿는 사람은 그렇게 되고, 할 수 없다고 믿는 사람 역시 그렇게 된다."

_ 샤를 드골

나의 실패에 축배를 들어라

남동생

저는 남동생이 하나 있습니다. 4살 터울이고, 어린 시절 저와는 다르게 굉장히 귀여운 외모를 가지고 있었습니다(지금은 아닙니다).

하루는 가족끼리 식사를 하러 갔는데, 옆 테이블에서 약주를 하시던 아저씨 한 분이 제 동생을 보고 너무 귀엽다며 용돈을 주셨습니다. 그 정도로 사랑스러운 아이였습니다. 심성도 고왔습니다(심성은 지금도 곱습니다). 그 당시가 제가 초등학교 5~6학년쯤이었고 제 동생은 1~2학년이었지요. 같은 방에서 자고 일어나고 했던 기억이 선합니다.

요즘은 얼굴 보기가 힘듭니다. 얼굴을 보게 되면 제가 자주 하는 말이 있습니다.

"내 귀엽던 동생은 어디로 갔어. 내 동생 돌려줘."

"…?"

"빨리 돌려 달라고, 내 동생은 이렇지 않다고. 귀여운 아이란 말이다."

"왜 그래 나한테…."

제 동생도 저와 비슷하게 자신이 하고자 하는 일에 헌신하고 노력하는 타입입니다. 다른 점은 그 종목이 자주 바뀐다는 것이죠. 어느 때는 의사가 되겠다고 열심히 하고, 어느 때는 선생님이 되겠다고 열심히 하고, 또 다른 때는 과학자가, 건축가가 되겠다고 열심히 합니다.

일관성이 없는 것이 제 동생의 장점입니다. 일관성이 없다는 것은 타인의 시선에 속박되지 않음을 의미하기도 합니다. '사람이 일관성이 있어야지. 줏대가 있어야지.' 이런 말은 절대 들어서는 안 됩니다. 듣게 된다면, 내가 진정하고 싶은 것이 바뀌었는데도, 그 '일관성'이라는 것을 지키기 위해 내 욕망을 포기하게 됩니다. 사람의 욕망이란 것은 시시각각 변합니다. 변해도 괜찮습니다. 다만, 그 방향이 발전을 향해있는가가 중요합니다. 어느 한 번은 제게 말하더라고요.

"형아. 유튜브 내용 좋던데?"

"그래, 당연하지. 니 그래 사나?"

"당연하지."

제 동생은 부산대학교 건축학과에 재학 중입니다. 그런데도 미술에 관심이 많습니다. 가끔 제가 집에 들어가면 방이 난장판입니다. 짜증이 확 났다가도, 동생이 집중하고 있는 캔버스를 보면 '와.' 소리가 나옵니다. 속으로는 이렇게 생각하지요. '더 어질러도 되겠구먼. 깔끔하게 작업하네.' 집중하는 눈빛을 보면 알 수 있습니다. 사랑스럽습니다. 예전 어릴 적 그 귀엽던 아이보다 지금의 몰입하는 모습이 더 그렇습니다.

동생한테 이 정도 표현했으면 많이 무리했습니다. 다른 말로 마무리하고 싶지만 낯 뜨거워 못하겠고, 제 동생이 무엇이든 열심히 했으면 합니다.

"변화하는 세상에서 경직된 일관성은 어리석은 일관성이다."

_ 랄프 왈도 에머슨

"방황과 변화를 사랑한다는 것은 살아 있다는 증거이다."

_ 바그너

10.
끈기를 유지하기 위한 부정적인 마인드

제가 말하는 부정적인 마인드는 '나는 안 된다. 나는 할 수 없다. 이것이 내 한계다.'가 아닙니다. '이 일은 생각보다 쉽지 않다. 금방 결과가 나타나지 않는다. 이 정도 고난, 고통보다 더 큰 것을 감수해야 한다.'라는 마인드입니다.

물론 어떤 일이든 긍정적인 마인드를 가지고 시작하면은 좋습니다.

'할 수 있다. 내가 이참에 해보겠다. 될 때까지 한다.'

뭐 좋습니다. 그렇지만 이런 식의 생각만으로는 금방 '왜 나는 했는데도 안 되지? 저 사람은 저렇게 잘하는데 왜 성적이 오르지 않지? 왜 이렇게 근육이 안 크지?' 이런 식의 생각으로 빠지기 쉽습니다.

이 이유는 쉽게 봤기 때문입니다. 긍정적인 마인드가 지나치면 쉽게 봅니다. 사실 운동으로 몸을 만들어본 사람이나 공부로 성적을 내본 사람들은 이게 생각보다는 쉬운 일은 아니라는 것을 자주 느껴보셨을 것입니다. 일부러 '좀 어렵겠구나, 쉽지 않겠구나, 단기간에 이룰 수는 없는 일이겠구나.'라고 생각하고 실천하고 노력하더라도 그것마저도 쉽게 생각했던 것일 정도로요.

그러니, '나는 할 수 있다.', '다만 이 일은 생각보다 쉽지 않고, 지금 내가 겪는 어려움, 고통보다는 더 큰 것을 감수해야 한다.'라는 긍정성과 부정성의 조화가 내가 하는 노력을 지속하는 방법 중 하나라고 생각하는 것이 좋지 싶습니다.

11.
비교는 정말로 시간낭비

제가 본과 4학년 시절 다시 한번 뼈저리게 느꼈던 감정입니다. 원래 비교하는 행위를 가치 있게 보지는 않았습니다. 그런다고 해서 제 스스로가 나아지는 점이 없기 때문이죠.

예를 들어, '내가 저 친구보다 이번 시험 점수가 높아. 또는 낮아.' 할 때 내가 저 친구보다 시험 점수가 높던 낮든 간에 내 점수는 바뀌지 않습니다. 그냥 그대로 있는 것입니다.

본과 4학년 1학기 때 보디빌딩 시합에 출전했다가 느꼈었습니다. 제가 오른쪽 선수분보다는 몸이 좋았고 왼쪽 선수보다는 몸이 좋지 않았습니다. 그래도 제 몸은 그대로입니다. 그동안 준비해온 것들이 반영되는 것이거든요.

제 옆 사람들의 노력이나 노고에 의해 제가 해왔던 가치들이 낮아지고 높아지지는 않습니다. 저 사람보다 좋다고 해서 내 몸이 더 좋아지는 것도 아니고, 이 사람보다 몸이 좋지 않다고 해서 몸이 더 안 좋아지는 것도 아닙니다.

'나'는 '나'로서만 존재합니다. 비교 자체는 아무것도, 정말로 아무것도 개선해주지 못합니다. 그러기에 신경을 쓸 필요가 없습니다. 보통 비교를 하는 경우에 좌절을 많이 하게 됩니다. 나보다 공부를 훨씬 잘하는 사람과의 비교, 나보다 몸이 훨씬 더 좋은 사람과의 비교 같은 것들이요. 저 사람은 저렇게 찬란하고 대단한데, 나는 초라하기 짝이 없다. 이런 식의 결론이 나지요.

그렇지만 이런 식의 비교는 잘못되었습니다. 일반적으로 남과 할 수 있는 비교에서는 과정까지 비교할 수 없습니다. 비교 대상인 남이 어떻게 노력했고, 어떤 고난이 있었는지까지는 알 수가 없죠. 결과로만 비교하는 겁니다. 상대방의 하이라이트만 보는 겁니다. 나는 나의 과정을 알고 있고, 상대방의 과정은 모릅니다. 상대방을 볼 때는 빛나고 찬란한 결과만을 보고요. 나를 볼 때는 초라하고 고통스러웠던 것들만을 봅니다. 그 둘은 비교를 할 필요도 없고 해서도 안 됩니다. 나 혼자서 묵묵히 걸어 나가면 됩니다.

비교가 필요한 경우는 자신과 비교하면 됩니다. '그전 시합보다 내가 더 나아졌는가? 준비 과정에서 문제는 없었는가? 저번에는 마무리를 잘하지 못했다. 그 당시 다음번에는 더 신경 써야겠다고 다짐했던 것을 지켰는가?' 이런 식으로요. 이러한 반성에 긍정적인 대답을 할 수 있다면 그것으로 충분하고 훌륭합니다.

문학평론가의 르네 지라르의 모방이론을 알아둘 필요가 있습니다. 우리는 타인의 욕망을 보고 그 욕망을 모방하면서 그 모방하는 욕망을 나의 진정한 욕망이라고 오인한다는 이야기입니다. 타인과의 비교는 나의 진정한 욕망과 멀어지는 법입니다. 나 자신을 잃게 됩니다.

"무소의 뿔처럼 혼자서 가라."

_ 숫타니파타

"타인보다 우수하다고 해서 고귀한 것은 아니다. 과거의 자신보다 우수한 것이야말로 진정으로 고귀한 것이다."

_ 영화 〈킹스맨: 시크릿 에이전트〉(2015)

12.
원래부터 갖고 있었던
꿈같은 것은 절대 없다

제가 한의사가 될 줄 누가 알았겠습니까. 정말 단언컨대, 재수 시절까지 단 한 번도 한의사가 되리라고는 꿈도 꾸지 못했습니다.

그렇다고 해서, 미리 어릴 적부터 꿈꿔오던 일이 아니라고 해서 이것이 나의 목표나 꿈이 될 수 없으리란 법이 있습니까? 내가 좋아하는 일이 아니라는 법이 있습니까? 절대로 없지요. 무슨 일이든, 어떤 일이든 간에 내가 좋아하는지 그렇지 않은지를 판단할 수 있는 방법은 직접 해보는 것입니다. 직업적인 문제가 아닙니다.

예를 들어 봅시다. 침대에 누워서 생각을 했습니다. '나는 토론하는 것을 좋아해. 아, 나는 변호사가 되면 좋겠다. 억울한 사람 변호도 해주면 기분이 좋겠지?', '나는 자연의 아름다움을 좋아해. 사하라 사막 사진을 봤는데 너무 예쁘더라. 그곳에 가면 행복하겠지?' 정말 변호사가 되면 행복할까요? 정말 사하라 사막으로 가면 행복할까요?

그렇지 않을 것입니다. 머릿속으로 그리는 꿈과 미래는 현실과는 다릅니다. 아마 실제로 억울한 사람을 변호하기 위해 변호사가 된 사람은 본인의 이익을 변호하고 있게 되는 경우가 태반일 것이고, 사진으로만 보던 사하라 사막의 아름다움을 직접 두 눈으로 보기 위해 떠난 사람은 모래바람에 눈조차 뜨지 못할 것입니다. 이처럼 상상만으로는 모릅니다. 어떤 변수가 있는지, 시련이 있는지 말입니다.

"인생은 사람들 앞에서 바이올린을 켜면서 바이올린을 배우는 것과 같다."

_ 사무엘 버틀러

"인생의 방향이 바뀌는 결정적인 교차로가 반드시 요란한 사건이나 드라마틱한 순간이라고 생각하는 것은 어리석다. 실제로 운명이 결정되는 드라마틱한 순간은 믿을 수 없을 만큼 사소할 수 있다."

_ 파스칼 메르시어, 『리스본행 야간열차』

13.
신념은 변화하고 성장한다

"언제나 성실할 것이라는 약속은 할 수 있지만 항상 같은 신념으로 일관하며 살 것이라는 약속은 하기 어렵다. 신념이란 새로운 경험이나 만남에 의해 변하고 성장하기 때문이다. 따라서 그때그때 자신의 신념을 성실히 따른다면 그것으로 충분하다."

_ 요한 볼프강 폰 괴테, 『괴테의 말』

참 좋아하는 문구입니다. 저 또한 시간이 지나면서 실패를 거듭하고, 아니 어찌 보면 실패만 거듭하고 성장해왔습니다.

사소한 실패들까지 나열하자면 끝이 없겠죠. 수학 문제를 풀다가 틀린 것도 실패이고, 10kg 덤벨을 들려고 시도하다가 들지 못한 것도 실패이겠고요. 새벽에 일어나서 공부를 해야겠다고 마음을 먹었지만 늦잠을 잔 경우도 그렇겠네요. 다이어트 식단을 지켜야지 하다가도 과자를 먹었던 것도 그렇겠고요.

이러한 실패들이 모이고 모여서 조금 더 나은 내가 되지 않았나는 생각이 듭니다. 실패를 할 때마다 저의 신념은 더욱 발전하고 있었고요. 실패들에 무너지지만 않는다면 그것들은 제 편이니까요. 찬란한 실패입니다.

14.
비겁함을 거부하기

저는 삶에 있어 비겁함을 이렇게 생각합니다. '내가 노력한 만큼보다 더 얻으려고 하는 마음가짐.' 요행을 바라는 마음가짐은 비겁합니다. 몸을 만들기 위해 스테로이드를 사용하고 다른 사람의 노력의 가치를 비교적 떨어뜨리는 행위 역시 비겁합니다.

정당하다면 자신이 노력한 만큼의 대가가 주어지겠지요. 그렇지만 오히려 현실에서는 노력한 것보다 적은 대가가 주어지는 것이 대부분입니다.

이를 전적으로 수긍할 줄 알아야 합니다. 세상이 불공평하다고 해서 아무 일도 안 하는 것은 바보 같은 일입니다. 불공평함을 주장하는 것은 망설이기 위한, 도전을 하지 않기 위한 멍청한 방어막입니다. 실패가 두려워 핑계, 실패의 이유를 찾는 것이죠. 실패의 이유가 본인의 나태함임이 밝혀질까 봐 겁을 내는 것이죠.

그런데 내가 나태하고 무능해서 실패하면 어떻습니까? 내 실패에는 아무도 관심이 없습니다. 나 혼자만 크게 바라보고 주변 사람들이 놀릴 것이라고 비웃을 것이라고 확대해석할 뿐입니다. 정작 놀림 당해야 하고 비웃음 당해야 할 것은 실패가 두려워 비겁한 방법을 찾으려 하는 내 마음가짐입니다.

"실패를 두려워하지 말라. 도전하라."

_ 저커버그

15.
나만 생각하기

무언가를 하기로 마음을 먹었을 때, 방해가 되는 사람들이 있습니다. 다이어트를 하기로 했는데, 오늘 이성 친구와 헤어졌다고 삼겹살에 소주 한잔 같이하자는 친구, 여러 명이 함께하는 큰 술자리, 운동 갈 시간에 나를 붙잡고 심각한 고민이 있다고 말하는 친구 등 여러 사례가 있을 수 있겠죠. 친하든 말든 간에 거절해야 합니다.

"미안하다. 오늘은 힘들 것 같다. 너무나도 중요한 약속이 있다."

이렇게 말하면 됩니다. 그 약속은 나와의 약속입니다. 왜 다른 사람들의 힘든 이야기를 들어주려고, 또는 단체 활동에 분위기를 깨지 않기 위해 내가 목표로 하는 일을 실패하게 둡니까. 왜 나 스스로 지키기로 한 약속 하찮게 봅니까. 이 약속만큼 중요한 약속은 세상에 없습니다. 욕 좀 먹어도 괜찮습니다.

"정 없는 놈. 이기적인 놈. 나는 너 힘들 때 안 그랬는데."

이런 것이 무서워 하나하나 다 받아주면서 남들한테 욕 안 먹으려다가 내 인생이 욕보이게 됩니다.

친구의 부탁에 거절하지 못하고 승낙했다고 합시다. 삼겹살에 소주 한잔을 하겠지요. 이 선택에 대해 책임져야 할 것은 무엇인가요? 내가 세운 목표입니다. 친구의 부탁을 거절했다고 합시다. 욕을 좀 먹겠지요. 이 선택에 대해 책임은 어떻게 집니까? 욕을 먹음으로써 이미 책임진 것입니다. 친구한테, 주변 사람한테 욕 먹는 것이 두려워 내가 세운 목표에서 멀어지는 행위는 하지 마세요.

모두에게 사랑받으면서 내 목표나 꿈을 이루는 방법은 단언컨대 없습니다. 4대 성인이라 하는 그리스도나 석가모니 등 이분들도 미움 많이 받아요. 양으로만 따지면 일반인들보다 훨씬 더 많이 미움받을 것입니다. 많은 기독교 신자들이 석가모니를 미워할 테고, 많은 불교 신자들 역시 그리스도를 미워할 테니까요.

모든 사람한테 사랑받으려고 하지 마세요. 예수, 부처도 못 한 것을 우리가 어떻게 합니까. 오히려 남들한테 '서운하다.'라는 말을 많이 들을수록 '아, 내가 나에게 더 집중하고 있구나.' 생각하시면 됩니다. 그렇게 자기 발전을 충분히 이룬 뒤에 주변 사람들을 돕고 위해도 충분합니다.

> "뭔가 하고 싶다면 일단 너만 생각해. 모두를 만족시키는 선택은 없어. 그 선택에 책임을 지라고."
>
> _ 드라마 〈미생〉

16.
최악을 사랑하기

저는 월요일을 가장 좋아합니다. 월요일을 제일 좋아하게 되면 일주일이 행복합니다. 가장 힘든 날을 사랑할 줄 알게 되면 세상에 사랑스럽지 않은 날이 없습니다. 가장 힘든 것이 좋은 이유는 그만큼 발전할 여지가 많다는 뜻이기 때문입니다. 제가 모자란 점, 부족한 점, 못 하는 것들은 멀리해야 할 것들이 아닙니다. 오히려 가장 가까이 두며 챙겨 줘야 합니다. 있는 그대로 사랑하라는 것이 아닙니다. 사랑하기에 발전시키고 변화시키라는 뜻입니다.

모든 단점은 파악하는 순간 발전의 원동력이 됩니다. 저는 국어를 너무 싫어했습니다. 해도 성적이 오르는지 잘 모르겠더라고요. 국어를 못해서 싫어하는 것인지, 싫어해서 못하는 것인지는 몰라도 확실히 못하고 싫어했습니다. 힘들었습니다. 나머지 과목들은 물이 거의 다 차 있어서 조금씩만 관리해주면 되는데, 이 국어라는 과목은 물이 반 밖에 차 있지 않았습니다. 채울 것이 많았습니다. 이러한 고통, 고난을 즐기는 것입니다. 그것을 감수

할 때 내가 높아집니다. 고통을 찾은 것만으로도 감사해야 할 일입니다. 고통스러운 일이 오면 이렇게 한 번 생각해 보세요.

'아, 찾았다. 진짜 하기 싫은 것을 보니 이것은 나를 발전시켜줄 계기구나.'

진짜 싫을수록 그것은 제 약점일 가능성이 높습니다. 운동으로 쳐도 그러합니다. 저는 하체 운동과 복근 운동을 진짜 싫어했습니다. 제 약점이었지요. 지금은 가장 기다립니다. 하체 운동이 제일 좋습니다. 고통스러운 만큼, 하기 싫은 만큼 이것이 나에게 필요한 것이라는 생각에 확신이 들기 때문입니다.

진짜 싫어하는 것들을 사랑해야 하는 이유는 간단합니다. 그 증오가 진심일수록 그것들은 나를 고양시키기 때문입니다. 증오에 확신을 가지고 이것이 나의 발전에 대한 확신으로 이어진다면, 증오를 사랑하는 일은 쉬운 일입니다.

이렇게 생각을 갖고, 정말로 고통이 무엇인가, 나를 힘들게 하는 것들이 무엇인가 살펴보면 잘 보이지 않습니다. 내가 망치를 들고 단점을 찾아 부수려 하면 단점들이 숨어버립니다. 그중 가장 덩치가 큰 단점만 보이겠지요. 큰 것부터 하나씩 부수면 됩니다. 반면, 고통을 피하려 하고, 나를 힘들게 하는 것들로부터 도

망치려 한다면, 단점들이 제게 달라 듭니다. 물어뜯으려 합니다. 소모적인 괴로움에 시달리게 되는 것이죠.

태도의 문제입니다. '나의 고통들아, 한 번 놀아보자.' 하는 마음으로 살아갑시다.

"몇 번이라도 좋다. 이 끔찍한 삶을 다시."

_ 프리드리히 니체

17.
'나 없더라도 괜찮겠지.'라는
마음 버리기

한 스님의 말씀입니다.

"내가 없어도 세상은 잘만 돌아갑니다. 놓으세요. 나 없으면 안 될 거라는 그 마음."

반은 맞고 반은 틀렸습니다. 내가 없어도 나를 제외한 세상은 잘 돌아갈 것입니다. 그렇지만 제 세상은 멈춥니다. 나의 세상은 나와 분리되어 존재하는 것이 아닙니다. 70억의 사람이 있으면 70억의 제각기 다른 세상이 있는 겁니다.

이해를 돕기 위해, 모기를 예로 들겠습니다. 모기의 눈은 거의 역할을 하지 않습니다. 대부분의 자극은 더듬이가 받아들입니다. 화학물질의 자극에 반응하여 그것이 나오는 곳으로 모입니다. 이처럼 한 생물이 화학물질이 자극이 되어 그쪽으로 모이는 현상을 양성(陽性) 주화성(走化性)이라고 합니다. 모기의 세상은 이것이 중요합니다.

젖산이나 이산화탄소 등의 물질에 반응하여 그곳으로 날아가고, 흡혈을 합니다. 정리하자면 그렇습니다. 화학물질-반응-흡혈이 모기의 생활입니다. 화학물질을 내뿜는 대상이 개이든, 고양이든, 사람이든 그런 것은 중요하지 않습니다. 화학물질만을 보는 것입니다. 이것이 모기의 세계입니다.

사람의 눈으로 보자면, '모기가 나를 물었다. 나의 동생을 물었다.'입니다. 그렇지만 모기의 실상은 단지 젖산이나 이산화탄소 등에 반응한 것뿐입니다. 이처럼 모기가 살아가는 세상은 사람과는 많이 다릅니다.

모기와 사람이 다르듯, 사람과 사람끼리도 마찬가지입니다. '나'라는 사람이 어디에 반응하고 어떻게 행동하며, 어떤 생각을 갖고 있는지, 더 저차원적으로 보아 시각, 청각, 미각, 후각, 촉각 등의 감각의 민감도는 어느 정도인지 등까지는 개체마다 다릅니다. 같은 세계가 없다는 겁니다.

쉽게 말해, 밤에 떠 있는 달을 본다고 합시다. 천문학을 전공하는 사람, 문학을 전공하는 사람이 있어요. 그 둘이 그 달에 어떻게 반응할까요? 그렇습니다. 내가 무엇에 어떻게 반응하는지에 따라 나만의 세상, 세계가 만들어지는 겁니다. 우리는 그것의 창조자이기에 책임을 질 필요가 있어요.

내 세상에서는 나만이 살아갑니다. 그 세상은 '내'가 놓는 순간, 놓아지는 것입니다.

"내가 너로 살아 봤냐 아니잖아

니가 나로 살아 봤냐 아니잖아

걔네가 너로 살아 봤냐 아니잖아

아니면 니가 걔네로 살아 봤냐 아니잖아"

_ 장기하와 얼굴들, 〈그건 니 생각이고〉

18.
완벽에 집착하지 말고, 발전에 집착하기

완벽에 집착하는 유형의 사람들이 있습니다. 몸을 만들겠다고 마음을 먹었다면, 모든 것이 준비되어야만 시작하는 사람들입니다.

최고의 보충제와 운동용품들 그리고 가장 효율적인 근육 성장방법에 대한 지식들이 없으면 아무 일도 하지 못하는 사람들입니다.

수학 공부를 하겠다고 마음을 먹었다면, 집합 단원을 완벽하게마스터하기 전까지는 다음 단원으로 넘어가지 못하는 사람들입니다. 이처럼, 완벽에 집착을 하게 되면 실천하지 못합니다.

세상에 완벽한 준비란 없습니다. 실천을 통한 발전만이 있을 뿐입니다. 몸을 만들 때에도 누구에게는 좋은 보충제, 운동 용품이나에게는 필요가 없을 수 있습니다. 또 누군가가 몸을 만든 방법이 나에게는 적용되지 않을 수 있습니다.

처음부터 무엇이 최선인지는 알 수 없습니다. 실천을 통해 하나씩 고쳐나가고, 발전시켜나가는 것입니다.

집합 단원을 완벽하게 마스터할 수는 없습니다. 그 단원을 공부한 뒤, 다음 날 보면 완벽하게 이해하진 못했음을 알 수 있지만, 그래도 다음 단원으로 나아가야 합니다. 한 번 봤던 집합 단원을 한 번 더 보는 것보다도 그다음 단원을 새로 공부하면서 배울 점이 훨씬 많습니다. 모든 단원을 다 한 번씩 본 뒤에 다시 보는 것이 더 올바른 방법입니다.

저 또한 그렇습니다. 저는 완벽하게 해낸 일이 한 가지도 없습니다. 정말로 단 한 가지도 없습니다. 그렇지만 한 일은 많습니다. 공부도 했고, 운동도 했고, 유튜브도 했고, 책도 이렇게 쓰고 있습니다. 단언컨대, 완벽한 조건을 조성하는 일에 집착했더라면, 제가 해낸 일은 한 가지도 없었을 것입니다.

모든 것을 완벽히 갖추고, 준비한 다음에 가장 효율적인 방법으로 발전하려고 하지 마세요. 그러한 태도가 가장 비효율적입니다. 완벽하게 갖추고 준비하는 일은 불가능합니다.

냉정하게 말해 완벽함을 추구하며 준비하는 일은 발전이 아닙니다. 스트레스받고 힘든 일이기는 합니다만, 그렇다고 해서 발전이라고 할 수 없습니다. 발전은 간단합니다. 실천입니다.

"Done is better than perfect."

_ 셰릴 샌드버그

"아마추어는 문제를 복잡하게 만들고 프로는 문제를 단순화시킨다."

_ 카를로스 곤

19.
사서 고생하기

어머니와 식사를 하면서 나눈 대화의 일부입니다.

"내랑 준오는 아르바이트 같은 것 많이 해봤지. 고생 많이 해봤다이가."

"내도 많이 했다."

"니가 뭔 고생을 했노."

"뭘, 내 공부도 하지요. 운동도 하지요. 유튜브도 하지요. 하루하루 바쁘게 살잖아요."

"누가 시켰나? 왜 사서 고생을 하노."

"고생은 사서 하는 게 진짜입니다."

고생에는 사서 하는 고생과 시켜서 하는 고생 두 가지가 있다고 봅니다.

먼저 시켜서 하는 고생을 보자면, 이는 남의 발전을 위한 고생입니다. 물론 그 과정에서 본인이 얻고, 배우는 점도 많이 있겠지만, 목적 자체는 타인의 발전이고 이익입니다.

예를 들어, 제가 아르바이트를 한다고 합시다. 제게는 용돈 마련이 목적일 것이고 아르바이트는 수단이 될 것입니다. 이것으로만 끝을 낸다면, 괜찮습니다. 아르바이트라는 것 자체를 수단으로 보고, 용돈을 마련하여 더 큰 뜻을 이룰 수 있으니까요.

문제는 여기 있습니다. 사실상 아르바이트를 하는 나는 사장의 수단인 셈입니다. 더 돈을 편하고 효율적으로 벌기 위한 수단일 뿐입니다. 아르바이트생을 고용해서 사장이 얻는 이익이 없다면 그 아르바이트생은 해고당합니다.

물론 사장과 아르바이트생 사이에 인간적인 정도 있을 수 있고, 돈으로는 설명할 수 없는 그런 가치도 있을 수 있습니다. 그 가치를 부정하는 것은 아닙니다.
다만, 사실로만 따지자면, 나는 수단으로 아르바이트를 하지만, 어떤 측면에서 본다면 아르바이트가 수단이 아니라, 내가 수단이 되는 일이라는 것입니다.

사서 하는 고생은 다릅니다. 어떤 측면에서 봐도 내가 주인이 되는 일입니다. 제가 공부를 잘하고 싶어서 공부를 한다고 합시다. 또 몸이 좋아지고 싶어 운동을 한다고 합시다. 이것은 어떤 누구의 수단이 되는 일이 아닙니다. 내 스스로의 행위가 목적을 향한 것입니다. 또 수단 자체가 목적이 되는 일이기도 합니다. 이런 일을 사서 하는 고생이라고 합니다. 누가 시키지도 않았는데, 본인이 일을 만들어 고생을 하는 것 말입니다.

공부나 운동 그 외 다른 가치 있는 일들을 하더라도 누가 돈을 주지도 않고, 상을 주지도 않습니다. 그 고생은 그 자체로서 이미 나에게 금전적인 가치 이상이며, 대통령이 준 상장보다 더 명예로운 것입니다.

사서 하는 고생의 가치를 알았던 카네기는 말했습니다.

"아들에게 돈을 물려주는 것은 저주를 하는 것이나 다름없다."

_ 앤드루 카네기

20.
수억 원짜리 추억을 만들기

낭만적인 제목이지만 내용은 그렇지 않습니다. 수억짜리 추억들이 있습니다. 금전적인 가치로 환산할 수 없는 것들이죠. 왜냐하면 이러한 추억들이 저를 만들었기 때문입니다. 나의 가치 역시 금전적으로 환산할 수 없듯이, 나를 만들어준 추억 역시 환산할 수 없습니다.

저로 예를 들어보면 그렇습니다. 어린 시절 태권도 도장에서 땀 흘리며 겨루기를 했던 기억, 중고등학교 시절 엉덩이에 땀띠가 나도록 앉아 공부했던 기억, 재수 시절 오래달리기를 하며 제발 이 순간만 끝나기를 바랐던 기억, 하루하루 바벨과 덤벨을 들고 내리며 이 악물었던 기억들이 제게는 가장 아름다운 추억입니다.

그 당시에 당시로서 할 수 있는 최선을 다하며 치열하게 살았던 그 기억이 가장 아름답습니다. 그 치열함이 지나고 나면 더 높은 곳에서 그 당시를 추억할 수 있기 때문입니다. 웅장하고 아름다운 장관은 땀 흘리며 높은 곳에 도달했을 때야 즐길 수 있습니다.

행복했던 과거의 추억을 떠올리면 현재가 슬픕니다. 현재의 내가 초라해 보이기 때문입니다.

치열했던 과거의 추억을 떠올리면 현재가 웃습니다. 현재의 내가 더 대단하기 때문입니다.

"나는 할 수 있다. 나는 해낸다.
나에게는 지력이 있다.
나에게는 오직 전진뿐이다.
이런 신념을 지니는 습관이 당신의 목표를 달성시킨다. 너의 길을 걸어가라.
사람들이 무어라 떠들든 내버려 두어라."

_ A. 단테

21.
나를 깎아내리는 자들을 무시하라

우리를 비난하고 끌어내리려는 사람은 그런 시도를 하는 순간 부터 이미 밑에 있는 사람인 겁니다. 너무 신경 쓰지 마세요. 밑에 있는 사람들은 위에 있는 사람들을 끌어내리려는 일에 몰두합니다. 그래서 끌어 내리면 자신이 높아졌다 착각합니다. 비유하자면 우물 안의 개구리가 우물 밖의 개구리를 낚아서 끌어내리고 기뻐하는 꼴입니다. 자신의 처지는 여전히 우물 안에 있을 뿐입니다.

그리고 확실한 것은 그러한 심보를 가진 사람이라면 그에게선 배울 것이 없습니다. 딱 한 가지 배울 것이라고는 저런 태도를 가져서는 안 되겠다는 점이 있겠습니다.

여기서 역으로 생각해볼 사안이 있습니다. 아주 솔직하게 스스로와 대면하는 겁니다. 나보다 더 훌륭하고 위에 있는 사람들을 단지 끌어내리고만 싶었던 마음이 내게 있었던 것은 아닐까?

그 사람들이 나보다 나은 점을 진지하게 받아들이는 것이 내가 높아지는 길이 아닐까? 하고 말입니다.

우물 밖에서 모험을 하는 개구리는 우물 안의 개구리가 더 깊숙한 우물로 빠졌으면 하는 시기, 질투 가득한 마음에 어떤 모략을 펼칠까요? 아니면 자신 앞에 있는 역경들을 헤쳐나가며 성장, 발전할까요?

우리보다 위에 있는, 나은 사람들이라면 우리를 짓누르면서 자신의 위치를 확보하려 하지는 않습니다. 위에 있는 사람 입장에서 치고 올라오는 사람을 짓누른다고 해서 자신이 높아지는 것은 아니니까요. 오히려 스스로가 더 높은 사람, 가치 있는 사람이 되기 위해 노력하겠죠. 더 성숙한 사람이라면 주변 사람들이 치고 올라오든 말든 신경 쓰지 않고 자신의 길을 묵묵히 걸어갈 거예요.

그러니 나를 비난하는 사람들의 의견은 무의미하고, 내가 비난하는 사람들의 가치는 더 생각해보아야 할 의미가 있고, 스스로 더 높은 사람이 되기 위해 노력해야 합니다.

22.
실패의 이유와 성공의 이유는 같다

'자기합리화' 사전적 의미로는 자책감이나 죄책감에서 벗어나기 위하여 자신이 한 행위를 정당화하는 일. 또는 그런 심리적 경향입니다.

요약하자면, 자신의 가치관에 어긋나는 잘못된 행동을 하고 이 행동이 합리적인 선택이었다고 위안하는 것입니다.

저도 이처럼 이 단어 자체에 대해 좋지 않은 느낌을 갖고 있었습니다. 그럼에도 저는 종종 주변 사람들로부터 자기합리화 잘한다는 이야기를 들었습니다. 저는 사실 이 자기합리화는 꼭 필요하다고 생각합니다. 예를 들어보겠습니다.

'넌 키가 작은 게 아쉽다. 그것만 아니었어도…'

'난 내가 키가 작은 게 좋다. 그것이 주는 열등감으로 인해 내

가 운동도 이렇게 열심히 하고, 책도 읽고, 공부도 하고, 더 나은 사람이 되려고 노력하게 되거든.'

'자기합리화 잘하네.'

'어우야. 어제 운동하고 몸이 아파서 죽겠다. 난 못하겠다.'

'아픈 만큼 몸이 바뀐다. 살던 대로 살기 싫어서 다르게 살려고 지금 운동하는 거 아냐? 당연히 귀찮고 아프겠지. 그건 잘 변화하고 있다는 증거다. 아프지도 않고, 힘들지도 않고, 그저 그러면 그거는 살던 대로 살고 있다는 증거다. 하나도 안 변하고 있는 거다.'

'자기합리화 잘하네.'

지울 수 없는 트라우마와 단점, 나의 성장과 함께 수반되는 고난과 역경을 성공의 방향으로 자기합리화 시켜야 합니다. 실패의 방향으로 자기합리화를 시키라는 것이 아닙니다.

'나는 키가 작아서 어디 사람들 앞에 나서는 것이 두렵다. 일을 함에도 불리한 점이 많다. 육체가 약하다. 그래서 안 된다.'

'나는 키가 작아서 어디 사람들 앞에 더 나서야만 한다. 일을 함에도 더 적극적으로 임해야 한다. 육체를 더 단련해야 한다. 그래서 된다.'

'나는 머리가 나빠서 공부는 안 된다. 내가 하고 싶은 일이 있지만, 이 일은 공부를 잘해야 하기 때문에 이 일은 포기다.'

'나는 머리가 나빠서 공부가 힘들다. 내가 하고 싶은 일이 있는데, 이 일은 공부를 잘해야 하기 때문에 죽자 살자 공부한다.'

자기합리화를 통해 고난과 역경을 피하는 것이 아니라 더 해야 합니다.

실패의 이유는 성공의 이유와 같습니다.

자기합리화의 방향이 실패로 나아갈지 성공으로 나아갈지를 결정합니다. 여러분의 성공의 이유는 무엇인가요? 키가 작은 것인가요? 머리가 나쁜 것인가요? 어떤 것인가요?

"우리가 실패하는 이유는 사실 우리가 성공할 수 있는 이유기도 합니다."

23.
버티지 말고 극복하라

끝나기만을 기다리며 버티는 것과 극복하기 위해 이를 악물고 용을 쓰는 것은 다릅니다.

학창 시절에 떠들어 교실 뒤에서 무릎을 꿇고 손을 들고 있었던 적이 있습니다. 무릎이 아프고 어깨가 아프기 시작합니다. 언제 내리라고 할지 기다립니다. 무력감을 느끼며 고통스러워하는 겁니다.

반면, 훈련소 시절 오래달리기 기록 측정을 위해 한 발 한 발 내딛던 적이 있습니다. 종료 지점에 도달해갈수록 발은 더욱 무거워지고 팔까지 무거워집니다. 숨은 턱 끝을 넘어 코끝까지 머리 끝까지 찬 느낌입니다. 그 순간입니다. 극복하기 위해 이를 악물고 용을 쓰는 순간입니다. 나의 생명력을 느끼며 고통을 이겨내는 겁니다.

3장

당장
실천하기

00.
간절히 원한다는 것은 실천하고 있다는 것

간절하게 원하면 이루어진다. 당신은 우주의 중심이다. 이 세상에서 가장 소중하고 중요한 존재다. 정말 간절하게 원하면 이루어진다.

어떤가요? 자주 들어본 말이죠? 저도 한때 빠져서 무언가 내가 얻고 싶은 것을 간절히 원했던 적이 있었지만, 얻지 못했습니다. 그러고는 다 새빨간 거짓말이다 생각했습니다.

제가 그 목표를 얻지 못한 이유는 실질적으로 간절히 원하진 않았기 때문입니다.

정말 간절히 원하는 법, 이 세상에서 가장 중요한 존재라고 느낄 수 있는 법은 무엇일까요. 사실 별것 없습니다.

아침에 일찍 일어납니다. 주변 사람들보다 일찍 일어납니다. 그리고 내가 원하는 그것을 위해 노력합니다. 물론 잠이 아직 덜 깼습니다. 피곤도 하고 조금만 진짜 1분만 딱 더 눈을 감고 일어나고 싶습니다.

그거는 누구나 그래요. 저도 그렇습니다. 그런데 정말로 솔직하게 세상에서 가장 중요한 존재라면, 내가 말 그대로 간절하게 원하는 목표라면 아침에 좀 더 자고 싶은 욕구 정도는 이길 수 있어야죠.

중요한 존재니까 더 자도 되는 게 아니라, 중요한 존재니까 일어나야 하는 거죠. 삶을 포기한 노숙자는 더 자도 돼요. 삶에 의지가 넘치는 당신은 그러면 안 되죠.

간절하게 원한다고 큰소리 뻥뻥 치면서, 고작 아침잠 하나 못 이기는 것이 말이 되나요?

진짜 원한다면, 내가 그것을 위해 어떤 것까지 다 희생할 수 있는지 생각해봐요. 내 희생의 정도가 결국 원함의 정도예요.

간절히 원하는 상태를 유지하기 위해서는 정신적으로 무언가를 갈구하는 상태만으로는 모자랍니다. 육체적으로도 무언가를 갈구하는 상태를 만들어야 합니다. 배가 부르고 몸에 기름기가 끼면 안 됩니다. 몸에 기름기가 가득한 사람들은 보통 기름진 음식으로 만족하지 않습니다. 자신보다 더 기름진 음식을 먹어야만 만족합니다.

봅시다. 체지방률이 극도로 낮은 보디빌더와 고도비만인 사람이 돼지 목살구이를 갈구하는 정도, 원하는 정도는 어떻게 다를까요?

보디빌더에게 돼지 목살구이는 평상시 먹을 수 없던 제한하던 꿈의 음식일지도 모릅니다.
매일 기름이 뚝뚝 떨어지는 햄버거 피자를 먹던 고도비만인 사람에게 돼지 목살구이는 보기만 해도 식욕이 떨어지는 음식일지도 모릅니다.

그런 겁니다. 정말 간절히 원하려면 굶주려야 하는 거죠. 매일 편안하고 안정적이고 여유로운 환경 속에서 내 목표를 간절하게 원할 수는 없어요.
햇빛도 따사롭고 바람도 선선하고 편안한 해먹 위에서 칵테일 한 잔 마시면서 '캬!'하면서 동시에 간절히 원할 순 없단 말이죠.

새벽에 일어나기 좀 추워도 일어나고, 여름에 더워서 움직이기 싫어도 좀 나가고, 쉬고 싶고, 그만하고 싶고, 하기 싫어도 이 악물고 이겨 내는 게 간절히 원하는 거죠.

억지로 참아라가 아니라 원하는 만큼 참으라는 겁니다.

지수

저에게는 초등학생 시절 이성에 눈을 뜨고 처음으로 좋아했던 동창이 있습니다. 당시에 굉장히 예쁘고 매력이 있어 저뿐만 아니라 여러 친구들이 그녀를 남몰래 짝사랑하였죠. 정말이지 하루하루 온종일 그 친구 생각을 하며 지냈습니다. 칠판은 보지 않고, 그녀 얼굴만 바라봤습니다.

그렇게 고백 한 번 제대로 못 해보고 중학교, 고등학교, 대학교를 열심히 다녔습니다. 졸업 후 공중보건의사로 재직하며 진료를 보고 있었죠. 물론 그동안에 다른 사람을 좋아한 적이 없다거나 짝사랑에 빠진 적이 없다거나 하는 것은 아닙니다. 있습니다. 아무튼 진료를 보다가 연락이 닿아 만나서 소주 한잔하기로 했다가 지금은 서로 사랑 중입니다.

그녀는 장점이 많은데요. 사교성이 굉장히 좋습니다. 제가 일 년에 거쳐 쌓게 될 친분을 한 달이면 쌓습니다. 저뿐만이 아니라 많은 사람들에게 매력적입니다. 제가 인터넷으로 이 지역의 맛집이 어디일까를 검색하고 있을 때 그녀는 놀라운 친화력으로 이미 현지인들에게 세세한 정보를 듣고 있습니다. 인터넷상으로 가장 인기 있는 식당으로 가면 될까 하고 물어보면 '아니, 거기보다 여기 이 골목에 있는 식당이 더 맛있어.'라고 알려줍니다. 정말, 인터넷에는 나오지 않지만, 더 맛있습니다.

감정을 중요시합니다. 그때그때의 감정에 충실하다는 것이 아닙니다. 감정 자체를 중요시 여긴다는 것입니다. 그 덕에 서로 분위기가 좋지 않을 때도 순식간에 뒤집을 수 있습니다. 나쁜 분위기의 지속은 서로에게 손해라는 것을 알고 있으니까 더 넓은 마음으로 배려할 수 있습니다. 위기를 기회로 만들 수 있는 사람입니다.

가장 큰 장점은 개구쟁이 소년 같다는 것입니다. 장난기가 가득합니다. 시도 때도 없이 장난을 칩니다. 덕분에 저는 많이 놀라기도 하고 가끔 삐질 때도 있습니다. 지금 몰고 있는 제 자동차가 꽤 큰 편입니다. 승합차라 저녁이면 뒷자석이 멀어 잘 보이지 않습니다. 그럴 때 "헉! 저 뒤에 누가 쳐다보고 있다. 우짜노?" 하며 겁을 준 뒤, "웍!"하고 놀라게 합니다. 사실 저는 겁이 좀 많은 편이라 정말 심장 떨어질 것처럼 놀라고 부탁이니 제발 그러지 말라고 해도 소용이 없다는 걸 알고 있습니다. 이렇게 장난기가 가득합니다.

정말 심각한 상황이라 자꾸만 부정적으로 생각하게 될 때, 천진난만한 장난으로 그 상황에서 벗어나도록 도와줍니다. 그리하여 좀 더 긍정적인 마인드로 그 문제를 해결할 수 있게 합니다.

　제가 쓴 또 다른 책 '차라투스트라는 왜 그렇게 말했나'의 도입부에서 던진 의문이 있습니다.

　왜 놀이동산에서 놀이기구를 타는 사람들은 대부분 나이가 어린 아이들일까? 심지어 그들은 반복해서 놀이기구를 탄다. 반면, 나이가 들면서 부모가 되고, 노인이 되어가면서 더더욱 스릴 있는 놀이기구를 피하게 될까?

　노화가 진행이 되기 시작하는 나이는 평균적으로 25세 정도라고 한다. 가장 생명력이 넘치는 아이의 시기가 지나고 노화가 점점 진행될수록 자발적으로 시련을 감당하려는 태도가 사라진다.

　생물학적 노화만이 그 이유는 아닐 것이다. 사회의 압력과 현실적인 제약들이 어느샌가 가장 살아있던 아이를 점점 약화시킨 것은 아닐까.

　그렇다면 어떻게 위험하고 아찔한 시도를 자발적으로 반복하던 그 어린아이의 생명력을 회복할 수 있을까.

　'삶에 지쳤어요. 일상에 지쳤어요. 힐링이 필요해요.'

과연 그럴까? 삶에 시련과 고난이 너무 가득하여 우리는 지친 것일까? 정말 힐링이 필요한 것일까?

그렇지 않으면 삶의 의지가 너무 적어진 탓에 지쳐있는 것일까. 그 고난과 시련을 이겨낼 의지가 없어 무너져 버린 것은 아닐까.

가만히 있지 못하고 급하게 오르고 급하게 내려가는 그 역동적인 놀이기구를 자발적으로 타던, 넘치던 생명력을 주체하지 못하던 그때 그 시절의 나를 회복할 수는 없을까?

어쩌면 이 의문에 대한 답은 천진난만한 개구쟁이의 마음이 아닐까 생각을 해봅니다.

"일과 놀이의 가장 큰 차이는 고통의 유무가 아니다. 강제적이냐 자율적이냐다.

삶을 강제적인 일처럼 살게 되면 어떤 것을 하더라도 행복할 수 없다. 놀이라고 분류되는 행위들도 일로써 억지로 해야만 한다면 불행하게 되는 이유다.

삶을 자율적인 놀이처럼 살게 되면 어떤 것을 하더라도 행복하다. 고된 노동을 동반하는 일을 하더라도 내가 나의 의지로 행한다면 행복하게 된다."

01.
답이 없는 게 아니라, 문제가 없는 것이고,
실천이 없는 것이다

'내 인생은 답이 없다. 나는 답이 없다.'라는 생각이 종종 들 수 있습니다. 왜 그럴까요? 왜 내 인생은 답이 없다는 생각이 들까요?

문제가 없기 때문입니다. 문제가 제대로 설정되어 있지 않기 때문. 뭔지 모릅니다. 문제가 있어야 답이 있습니다. 수학 책 답지를 펼쳐보세요. 답이 3번 2번 4번 적혀있다 합시다. 근데 문제가 없어요, 그럼 그게 왜 답이에요. 아니지. 문제가 있으면! 그에 맞는 답이 있는 겁니다.

비유하자면, 로또에 당첨되고, 완벽한 배우자를 만나고, 좋은 차를 타고 다니고, 좋은 집에 살고, 명품 옷을 입는 것들은 길을 가다가 답만 적혀있는 답지를 주운 뒤 거기 쓰여 있는 답을 얻은 겁니다. 어떤 책의 답지인지도 모르고 어떤 문제의 답인지는 더더욱 모릅니다. 답들이 그 의미를 못 찾는 겁니다.

우리의 문제는 무엇이 문제인지는 모르면서 알려고도 하지 않으면서 답만 내려고 하는 것이 문젭니다. 답만 갖고 싶은 겁니다. 답은 수만 가지가 있는데 내 문제가 무엇인지 모르니 말입니다. 예를 들어 3번 문제에 답이 5번이란 걸 운 좋게 알았다고 합시다. 근데 지금 내가 직면한 문제가 몇 번 문제인지 모른다 이 말입니다. 그럼 그 답은 아무 쓸모가 없지요.

나는 완벽한 몸짱이 되고 싶어. 전국 1등을 하고 싶어. 이런 식으로 답만 원한다는 거죠. 문제는 완벽한 몸짱이 될 정도로 운동을 하지 않고 잘 하지도 못하는 것이고, 전국 1등을 할 정도로 공부를 하지 않고 잘 하지도 못하는 것이죠. 내가 능력이 없다는 걸 이야기하는 것이 아니라 제대로 된 문제 설정이 없다는 것을 이야기하는 겁니다.

노력해야 할 것은 내 문제가 무엇인지 찾는 겁니다. 단순한 현상적인 문제를 찾으라는 게 아닙니다. 예를 들어, 내가 롤렉스 시계가 갖고 싶은데 없다는 것이 문제다. 이런 식이 아니라는 거죠. 보세요. 그래서 내가 롤렉스 시계를 갖게 되었으면, 그게 정답이 맞느냐 이 말입니다. 그 롤렉스라는 시계를 가졌으면 내 정답을 찾은 겁니까? 설령 롤렉스 시계가 답이라 하더라도 그거는 현상적인 문제에 대한 정답인 거죠.

우리가 진짜 고민해야 할 문제는 내 삶의 가치에 대한 것입니다. 그 외에 다른 문제는 부차적인 겁니다. 그래서 그 외의 저차원적 문제에 대한 답을 찾더라도, 얻더라도 예를 들어 롤렉스 시계를 가져도, 아주 예쁜 여자친구가 생겨도, 로또에 당첨이 되어도 내 삶의 가치, 나에 대한 확신은 안 생기는 거죠. 여전히 나는 답이 없다고 생각하기 마련이에요.

'내 인생의 가치'에 대해 생각해보면 좋아요. 이 롤렉스 시계를 사면 내 인생의 가치는 높아지냐 말입니다. 아무리 생각해도 그렇다. 롤렉스 시계를 갖게 되면 내 인생의 가치는 높아진다고 생각하시면 책을 덮으시고 빚을 내서라도 롤렉스 시계 사러 가세요.

롤렉스 시계를 사더라도 내 인생의 가치는 확보되지 않아요. 당연히 여전히 행복하지 않다. 삶이 잘 모르겠고 방황하는 느낌을 갖는 거죠. 우리의 문제는 돈이 없어서, 여자친구가 없어서, 얼굴이 못생겨서, 몸이 안 좋아서, 공부를 못해서, 롤을 못해서, 키가 작아서가 아닙니다.

시간은 앞으로 나아가는데 내 삶의 가치가 떨어지고 있어서인 경우가 대부분입니다.

문제를 나라는 한 인간의 성장과 발전으로 두고 한 발 한 발 나아가세요. 나의 답을 찾아가는 과정입니다.

02.
내 어깨 위에 더 큰 책임을 지라

부담은 원동력이고, 책임은 힘입니다.

스쿼트를 하려고 100kg을 지고 있을 때 100kg에 무너지지 않기 위해서는 그에 맞는 힘을 써야만 합니다. 10kg 아령을 들 때도 들어 올리기 위해서는 그만한 힘을 써야만 하는 거죠.

부담, 질 부자에 멜 담자입니다. 짊어지고, 어깨에 메는 건데요. 이 부담은 부담하는 동시에 힘이 생깁니다. 그리고 부담하는 만큼 힘이 있는 겁니다. 짊어졌지만 힘이 없으면 무너집니다. 부담하지 못합니다.

한 복싱 영화를 보면 주인공은 하루하루 몸이 부서져라 일을 합니다. '그럼에도'가 자식들을 책임지지 못하는 상황에 마주합니다. 난방을 할 수가 없고, 제대로 된 음식도 제공할 수 없게 됩니다. 그러자 주인공의 아내는 아이들을 친척 집으로 보내버립니다. 주인공은 화를 냅니다. 이렇게 내가 하는 일이 의미가 없어졌다고 화를 냅니다.

그에게 자식들은 그렇게 책임을 져야 할 대상이자, 힘이 나는 원천이었던 것입니다. 같은 의미입니다. 내가 아무것도 하고 있지 않을 때는 세상에 아무런 힘도 생기지 않습니다. 아무 일을 할 필요가 없기 때문에 아무런 힘이 들지 않습니다. 반면, 내가 어떠한 책임을 지고, 무거운 무게를 들 때, 세상에는 힘이 생깁니다. 무거운 책임을 질 때는 그에 맞는 힘이 생겨야만 그 일이 가능하기 때문입니다.

내가 100kg을 들고 있다면, 그 100kg은 나에게 그 무게만큼 부담이 됨과 동시에 버티고 이겨내는 힘을 만드는 것입니다.

반대로 생각해봅시다. 아무것도 부담하지 않는 그 순간에는 아무 힘도 쓰지 않습니다. 빈 봉으로 스쿼트를 하면서 100kg으로 스쿼트를 할 때의 그 힘을 낼 수 있을까요? 아닙니다.

들고 있는 만큼 힘을 냅니다. 지금 여러분이 들고 있는 인생의 무게는 얼맘니까, 부담스럽고 무겁다는 생각이 들어 내려놓고만 싶습니까? 그와 동시에 나의 힘도 내려놓는 겁니다. 하나하나씩 내가 들 수 있는 무게만큼 책임을 더해가는 삶을 살아갑시다.

03.
잘 하는 방법 말고, 열심히 하는 방법

열심히 하는 방법은 무엇일까요? 무언가를 잘하는 방법에 대한 관심이 많습니다. 내가 모르는 특별한 요령, 비법이 있지 않을까? 아주 극소수만 알고 있는 그런 마법 같은 지름길 말입니다.

저렇게 공부 잘하는 애들은 따로 자기들끼리만 공유하는 비밀 정보가 있겠지?
저렇게 몸이 좋은 애들은 따로 특별한 비법이 있겠지?
저렇게 돈이 많은 사람들은 돈을 획기적으로 버는 어둠의 루트가 있겠지?

'나도 알고 싶다.'라는 마음으로 끊임없이 외부에서 해결책을 찾으려 한다. 그러한 사람들의 욕구, 심리가 세상에는 너무도 잘 반영되어 있습니다.

유튜브, 서점의 책들만 보아도 더 잘하는 방법, 요령에 대한 정보는 넘치고 넘칩니다. 공부만 해도 필기 잘하는 법, 암기 잘하는 법, 영어 잘하는 법, 운동으로 치면 스쿼트 제대로 하는 법, 근성장 빨리하는 법 등등 차고 넘치죠.

대부분 내용은 누구나 익히 알고 있는 뻔합니다. 사실 어떤 일을 잘하는 방법, 해결책은 외부에 있지 않고 내면에 있습니다.

잘하는 방법이 아니라 열심히 하는 방법이 필요합니다. 열심히 하는 방법은 외부에서 배울 수 있는 것이 아닙니다. 내면에서 내가 끌어내는 것입니다. 나 이외에는 누구도 나를 열심히 하게 할 수 없죠.

이 열심히 하는 방법도 외부에서 찾으려고 하는데, 그게 바로 노예근성입니다. 누가 운동 열심히 하라고 시키면 열심히 하고, 열심히 일하라고 시키면 열심히 하고, 그런 것 말입니다.

열심히 하는 방법은 이 일이 옳고 가치 있다는 것을 알고, 고통을 인내하며 묵묵히 앞으로 가는 것뿐입니다.

열심히 하고 싶은데 어떤 방법이 없을까요? 하는 질문은 자기 자신에 그 방법과 답이 있음에도 불구하고 나를 신뢰하지 못해서 생기는 것입니다.

백더블바이셉스 포즈입니다. 앞모습은 늠름한 뒷모습과는 다릅니다. 얼굴은 잔뜩 찡그리고, 몸은 바들바들 떨고 있습니다.

내 손에 휴대폰을 쥐고 있으면서 '어, 제 휴대폰 못 보셨나요? 어디에 있나요?

내 손에 내 인생 의미를 쥐고 있으면서 '어, 제 인생 못 보셨나요? 어디에 의미가 있나요?'

하면서 세상을 돌아다니며 자신의 세월을 낭비하는 것과 같아요.

다른 누군가라면 내가 열심히 무언가를 할 수 있게 만드는 방법을 알고 있을 거야.

모릅니다. 본인밖에 모릅니다. 본인이 열심히 가치 있는 일을 묵묵히 수행할 수 있는 방법은 본인만이 압니다. 어디 그런 방법

있을까 눈독 들이지 말고 그냥 합시다.

"그냥 하는 것 그게 가장 훌륭한 방법이다."

4장

마무리하며

지금까지 읽어주신 것에 감사드립니다. 다만, 읽었다는 사실은 하나도 중요하지 않습니다. 읽으시는 와중에 삶에서 어떠한 부분이 바뀌었는지, 어떠한 실천이 새롭게 실행되었는지 같은 진짜 변화가 중요합니다. 아무리 외부에서 동기부여를 시켜주더라도 스스로 바뀌지 않으면 그 동기부여는 아무짝에도 쓸모없습니다.

저는 아무짝에도 쓸모없는 책을 쓴 건가요, 그렇지 않으면 꽤 괜찮은 책을 쓴 건가요?
읽어주신 당신께서 아주 조금이라도 발전적인 방향으로 바뀌셨다면 더할 나위 없겠습니다.

진심입니다. 이제 텍스트는 의미가 없고 실천만이 의미가 있습니다.

실천을 하려는데 누군가 불가능하다 말한다면, 그건 그 사람이 불가능한 것입니다. 누군가 나를 비웃는다면, 그건 그 사람이 당신이 본인보다 더 잘 해낼까 봐 두려워하는 것입니다. 이뤄가고 있는 과정에서 누군가가 나를 시기하고 질투한다면, 그건 자연의 이치입니다. 하늘 높이 나는 거대한 독수리는 땅에서 보면 작은 점으로 보입니다. 그 독수리는 원대한 시야를 갖고 드넓은 자연을 바라보고 있습니다. 패배자들은 승리자들을 깎아내리는 것에 집착을 하고, 승리자들은 승리를 쟁취하는 것에 집착을 합니다.

나의 가능성은 내가 결정하는 것이고, 실천하는 것입니다. 이제 이 4장을 채우는 것은 제 몫이 아니라 당신의 몫입니다.

나의 실패들아. 사랑한다

비유하자면 실패란 힘껏 달리다가 넘어진 직후입니다. 일어나 보면 무릎이 깨져 피가 나고 아픕니다. 아픈 것에 만 온 신경이 쏠립니다. 그러나 잠깐만 뒤를 돌아보면 꽤 멀리 왔다는 것을 알게 됩니다.

실패도 그렇습니다. 최선을 다해 노력한 뒤 불합격하고, 탈락합니다. 너무 마음이 아프고 눈물이 납니다. 그러나 잠깐만 나를 되돌아보면 이미 많이 발전해 있다는 것을 알게 됩니다.

이렇듯 실패하는 것은 찬란합니다. 아무나 실패하지 못합니다. 최선을 다해 노력하고 마음 아파하고 눈물을 흘려야 합니다. 실패는 두려워해야 할 것이 아니라, 웃으며 맞이해야 할 것입니다.

"또 실패했는가? 괜찮다. 다시 실행하라. 그리고 더 나은 실패를 하라."

_사뮈엘 베케트

읽어주서서 진심으로 감사드립니다.

"지금 이 인생을 다시 한 번
완전히 똑같이 살아도 좋다는 마음으로 살라."

― 니체 ―